insel taschenbuch 4691

Jean-Baptiste Andrea

Meine Königin

JEAN-BAPTISTE ANDREA
MEINE KÖNIGIN

ROMAN

Aus dem Französischen von Thomas Brovot

Insel Verlag

Die französische Originalausgabe erschien 2017
unter dem Titel *Ma reine* bei L'Iconoclaste, Paris.

Erste Auflage 2019
insel taschenbuch 4691
Deutsche Erstausgabe

Vertrieb durch den Suhrkamp Taschenbuch Verlag
Umschlag: zero-media.net, München
Umschlagfoto: Robert Jones/Arcangel Images
Druck: CPI – Ebner & Spiegel, Ulm
Printed in Germany
ISBN 978-3-458-36391-0

MEINE KÖNIGIN

Für Berenice

Ich fiel und fiel und hatte vergessen, warum. Als wäre ich schon immer gefallen. Sterne zogen über meinen Kopf hinweg, unter meinen Füßen her, sie waren überall. Ich ruderte, wollte mich an ihnen festhalten, aber ich griff nur ins Leere. Ich wirbelte in einem Strom feuchter Luft.

Der Wind heulte zwischen meinen Fingern, alles raste, ich fühlte mich zurückversetzt in die Zeit, als wir in der Schule die hundert Meter liefen und die anderen sich ausnahmsweise mal nicht über mich lustig machten. Mit meinen langen Beinen hatte ich sie alle geschlagen. Nur jetzt waren meine Beine zu nichts nutze, sie fielen genauso wie ich. Wie die letzten Deppen.

In der Ferne schrie jemand. Ich musste mich daran erinnern, wieso ich hier war, ja, das war wichtig. Man fällt nicht einfach so, ohne Grund. Ich schaute hinter mich, aber hinten, das hieß gar nichts mehr. Alles änderte sich andauernd, so schnell, dass ich am liebsten geweint hätte.

Bestimmt hatte ich eine Riesendummheit gemacht. Das würde Schimpfe geben oder Schlimmeres, dabei konnte ich mir gar nicht vorstellen, was schlimmer war, als ausgeschimpft zu werden. Ich rollte mich zusammen, so wie ich es immer machte, wenn Macret mich verprügelte, das war ein bekannter Trick, dann tat es nicht so weh. Jetzt musste ich nur noch warten. Ich würde schon irgendwo ankommen.

Das war im Sommer 1965, im tollsten aller Sommer, und mein Sturz nahm kein Ende.

So oft hatte ich zu hören bekommen, ich sei ja zum Glück bloß ein Kind, dass es kam, wie es kommen musste. Ich wollte ihnen beweisen, dass ich ein Mann war. Und Männer, klar, die führen Krieg, das sah ich immer im Fernsehen, wenn die Tankstelle geschlossen war und meine Eltern beim Abendessen vor dem alten bauchigen Kasten saßen.

Damals kamen nicht mehr viele Autos über die Straße, an der wir wohnten und die ins Asse-Tal hinunterführte, in einem vergessenen Winkel der Provence. Unsere Tankstelle war bloß ein klappriges Schutzdach mit zwei Zapfsäulen darunter. Früher hatte mein Vater die Zapfsäulen regelmäßig poliert, aber mit dem Alter und mangels Kundschaft hatte er es aufgegeben. Mir fehlte der Glanz der Zapfsäulen. Alleine durfte ich sie nicht mehr putzen, weil ich beim letzten Mal am Ende patschnass war. Meine Mutter hatte ein Donnerwetter losgelassen: als hätte sie nicht schon genug am Hals mit einem nichtsnutzigen Mann und einem minderbemittelten Sohn. Wenn meine Mutter ihre Zustände kriegte, hielten mein Vater und ich den Mund. Stimmte ja auch, sie hatte alle Hände voll zu tun mit uns, an den Waschtagen vor allem, mit den ölverschmierten Overalls aus der Werkstatt. Und genauso stimmte es, dass ich bloß den Eimer zu nehmen brauchte, schon spritzte das ganze Wasser. Ich konnte nichts dafür, so war es nun mal.

Meine Eltern redeten nicht viel. Wir wohnten in einem Haus gleich hinter der Tankstelle, einem rechteckigen Klotz aus Betonsteinen, die mein Vater nie zu Ende verputzt hatte. Die einzigen Geräusche kamen vom Fernseher, von den Lederpantoffeln auf dem Linoleum und vom Wind, der den Berg herabgefegt kam und sich zwischen der Felswand und der Wand meines Zimmers verfing. Nur wir sprachen kaum ein Wort, wir hatten uns schon alles gesagt.

Einmal im Jahr kam meine Schwester zu Besuch. Sie war fünfzehn Jahre älter als ich, war verheiratet und wohnte weit weg. Zumindest sah es weit weg aus, wenn sie es mir auf der Landkarte zeigte. Ihr Besuch endete jedes Mal mit einem Streit zwischen den Eltern und ihr. Sie meinte, eine Tankstelle an einem so abgelegenen Ort, das wäre nichts für mich. Ich verstand nicht recht, warum, die Tankstelle war doch ganz prima, abgesehen von den schmutzigen Zapfsäulen. Sobald sie wieder gefahren war, schaute ich auf die Karte, und jedes Mal fragte ich mich, was es dort, wo sie wohnte, Besseres gab.

Irgendwann stellte ich ihr die Frage direkt. Sie strich mir übers Haar und sagte, in ihrer Stadt hätte ich Freunde in meinem Alter, Leute, mit denen ich mich unterhalten könnte. Und wollte ich nicht vielleicht eines Tages eine Frau kennenlernen? Frauen kannte ich besser, als sie gedacht hätte, aber ich sagte nichts. Meine Schwester fragte weiter: Unsere Eltern waren alt, was würde aus mir, wenn sie nicht mehr da wären? Ich wusste, wenn es von jemandem hieß, er sei »nicht mehr da«, dann für immer, er kam nicht wieder. Ich antwortete, um die Tankstelle würde ich mich schon allein kümmern, und sie tat, als würde sie mir glauben, aber ich sah genau, dass sie log. Mir war das egal. Insgeheim freute ich mich darauf, eines Tages die Zapfsäulen auf Hochglanz zu polieren.

In einem hatte meine Schwester recht. Freunde hatte ich keine. Das nächste Dorf war zehn Kilometer entfernt. Die Jungs aus der Schule hatte ich nicht mehr gesehen, seit ich nicht mehr hinging. Ich sah nur die Autofahrer, die bei uns anhielten und denen ich stolz den Tank füllte, in meiner schönen Shell-Jacke, die mein Vater mir gegeben hatte. Das war, bevor Shell mitkriegte, dass wir nicht genug Benzin verkauften, wir mussten dann zu einer italienischen Marke wechseln, denen war das egal. Aber die Jacke habe ich trotzdem weiter angezogen. Die Kunden sprachen mit mir und waren sehr freundlich, oft bekam ich ein Trinkgeld in die Hand gedrückt, und meine Eltern erlaubten mir, das selbst verdiente Geld zu behalten. Wir hatten sogar ein paar Stammkunden, Matti zum Beispiel. Aber keine Freunde.

Mich störte das nicht. Mir ging es gut dort.

Weggegangen bin ich wegen einer Zigarette.

Das Tal war gerade aus einem harten Winter erwacht und auf den Sommer geprallt, da hatte es den armen Frühling zerquetscht. Ein Kunde hatte das so gesagt, ich fand das lustig, das war wie der Wind zwischen meinem Zimmer und dem Berg.

Zu den Aufgaben, die ich anvertraut bekam, gehörte auch, dafür zu sorgen, dass immer Toilettenpapier in dem Kabuff mit dem *C* an der Tür war – das *W* war abgefallen, und wir hatten es nicht wieder drangemacht, als wir herausfanden, dass es sich hervorragend als Untersetzer eignete. Toilettenpapier, na ja, das ist ein großes Wort für eine in viereckige

Stücke geschnittene Zeitung, aber genau das mochte ich so gern, die Vierecke schneiden. Dabei musste ich aufpassen, dass ich nicht eine Zeitung zerschnitt, die mein Vater noch nicht ausgelesen hatte. Einmal habe ich mir dafür eine Ohrfeige eingefangen, und ich sollte die Sportseite wieder zusammenkleben. Aber dann stellte sich heraus, dass ein Kunde ausgerechnet das Blatt mit den Ergebnissen benutzt hatte. Ich bekam eine zweite Ohrfeige.

Es war zwei Uhr an dem Tag, an dem ich wegging, und bisher hatte nur ein Auto gehalten, ein blauer R4. An den R4 erinnere ich mich natürlich noch gut. Die Felswand hinter der Tankstelle glühte wie ein Stahlblech. Eine Stunde lang hatte ich Papier geschnitten und war ins C gegangen, wie wir das Klo nannten, um es reinzulegen. Ich hielt immer die Luft an in dem Kabuff, schon als kleines Kind konnte ich Gestank nicht ausstehen. Und selbst wenn tagelang niemand das C aufgesucht hatte, roch es dort unangenehm nach muffiger Erde, ein Geruch, den ich mit dem Tod in Verbindung brachte, mit dem Kompost, in dem es von allem Möglichen wimmelte und den meine Mutter um die Geranie streute, die einzige Blume auf der Tankstelle. Die Pflanze ging regelmäßig ein, aber meine Mutter ersetzte sie jedes Mal. Mein Vater konnte ihr noch so laut sagen, der Kompost würde ihre Geranie umbringen, sie hörte nicht auf ihn.

Ich wollte das Kabuff gerade verlassen, als ich eine Zigarettenschachtel bemerkte, die unters Waschbecken gefallen war. Es waren noch zwei Zigaretten drin. Ich hatte noch nie geraucht, mein Vater erzählte immer, dass er im Krieg gesehen hatte, wie ein Mann, der beim Tanken rauchte, in Flammen aufgegangen war. Eine ganze Zisterne hatte man gebraucht, um ihn zu löschen, denn kaum dachten die Feuerwehrleute, sie hätten es geschafft, stand er wieder in Flammen. Ich nehme an, mein Vater hat übertrieben, damit wir es auch wirklich kapierten. Bei uns hing ein riesiges Schild mit einer durchgestrichenen Zigarette über den Zapfsäulen.

Aber ich war weit weg von den Zapfsäulen, weit weg vom Haus, und zur Sicherheit setzte ich mich auf den kleinen Felsvorsprung hinterm Klo. Streichhölzer hatte ich dabei, die waren immer nützlich, um ein Insekt zu verbrennen. Einmal hatte ein Kunde das mitgekriegt und mich ein »grausames Arschloch« genannt, aber in der Schule, fiel mir ein, hatten wir mal lebende Frösche aufgeschnitten, einen großen Unterschied konnte ich nicht erkennen. »Selber grausames Arschloch«, hatte ich ihm geantwortet und war weinend gegangen. Da konnte er nur noch glotzen. Meine Mutter ging dann hin zu diesem grausamen Arschloch, von weitem sah ich die beiden wie wild herumfuchteln, na ja, vor allem sie. Er sagte nicht mehr viel. Am Ende blieb es dabei, der Typ fuhr wieder, und als ich sicher war, dass er mich nicht mehr sehen konnte, zeigte ich ihm meinen Po.

Ich zündete die Zigarette an wie im Western, und nach zwei Probezügen atmete ich den Rauch ein, so fest ich konnte. Das war schlimmer als an dem Tag, als ich fast ertrunken wäre, da war ich acht Jahre alt gewesen, in den letzten Ferien, an die ich mich erinnerte, wir waren zum See hochgefahren. Damals hatte eine Frau mich aus dem Wasser gezogen, aber jetzt brannte es einfach weiter in der Kehle.

Ich ließ die Zigarette los, sie fiel auf einen Haufen Kiefernnadeln. Ich wollte die Kippe austreten, aber sie sprang weg, und die Nadeln fingen an zu brennen, einfach so, mit einem sprühenden Lachen, ein einziges Rot und Gelb, das nach meinem Schuh griff. Ich schrie, meine Mutter kam herausgelaufen, mein Vater auch, er hatte sofort verstanden, was los war. Bei einem Brand hörte in der Gegend der Spaß auf. Er kam mit einem Feuerlöscher, ich hatte ihn noch nie so schnell rennen sehen, auch wenn er nicht mehr der Jüngste war. Am Ende blieb ein Fleckchen verbrannte Erde auf dem Felsvorsprung. Keine große Sache, aber es war nicht weit von den Zapfsäulen entfernt passiert. So sagte es zumindest mein Vater. »Nicht weit entfernt.« Meine Mutter fiel wie eine Furie über mich her. Ich nehme an, mein Vater hätte mich am liebsten verdroschen, aber er traute sich nicht mehr so richtig, weil ich schon groß war.

Ich schrie, ich sei kein Kind mehr, meine Mutter sagte, doch, genau das, ein Kind, und solange ich unter ihrem Dach wohnte, hätte ich zu tun, was sie sagte, wieso mir das nicht in meinen zwölfjährigen Schädel ging.

Am Abend riefen sie meine Schwester an. Ich konnte alles durch die Tür hören. Sie dachten, sie würden leise sprechen, aber da sie beide etwas schwerhörig waren, war leise fast schon laut. Sie benutzten das große Telefon aus Bakelit im Haus, das Einzige, was ich putzen durfte, weil ich es nicht kaputt machen konnte und kein Wasser dafür nötig war. Ich rieb es mehrmals am Tag mit einem Tuch ab, es glänzte wie frischer Teer, allein sein Anblick tat mir gut. Und weil ich dieses Telefon so mochte, hatte ich das Gefühl, dass sie mich doppelt hintergingen.

Sie sagten meiner Schwester, sie hätte ja recht, sie wären zu alt, um sich um ein Kind zu kümmern, ob sie nicht jemanden schicken könnte. Und dann erzählten sie ihr, ich hätte *schon wieder* beinahe Feuer gelegt, dabei konnte ich mich gar nicht erinnern, dass das schon mal passiert war. Darauf war es lange still, während meine Schwester etwas sagte, und ich begriff, dass man mich abholen würde. Ich wusste nicht, wann, ob morgen, in einem Monat oder in einem Jahr, aber das machte keinen großen Unterschied. Jemand würde kommen, das allein zählte.

An diesem Tag beschloss ich, in den Krieg zu ziehen.

Ich hatte einen Plan. Im Krieg würde ich kämpfen, man würde mir Medaillen geben, und wenn ich dann zurückkäme, bliebe den Leuten nichts anderes übrig, als zuzugeben, dass ich ein Erwachsener war, oder zumindest fast. Im Krieg konnte man rauchen, das war im Fernsehen zu sehen, und das Beste war, dass man nicht riskierte, Feuer zu legen, weil dort schon alles in Flammen stand. Das Einzige, was mich störte, war, dass die Soldaten ein bisschen schmutzig aussahen, ich war mir nicht sicher, ob mir das gefallen würde. Wie auch immer, wenn es nicht in Tränen enden sollte, brauchte ich ein Gewehr und jeden Tag saubere Strümpfe.

Nach meiner Rückkehr würde niemand mehr davon sprechen, mich fortzubringen. Vielleicht bekam ich dann ja sogar das große Zimmer, das mit dem Blick auf die Zapfsäulen, das Zimmer für Helden. Meine Mutter brauchte es nicht, sie war kleiner als ich, und sie konnte genauso gut mein Zimmer nehmen.

Das Problem war, dass ich nicht wusste, wo es Krieg gab. Ich wusste nur, dass es weit weg war, ich hatte nämlich mal meine Mutter gefragt, und sie hatte es exakt so gesagt: *weit weg*.

Weit weg fing für mich auf dem Plateau an, oben auf dem Berg, der genau bis zu meinem Fenster abfiel. Um dort hinzukommen, musste man weiter talaufwärts gehen, aber es gab eine Abkürzung, einen alten Steig, den nicht mal die Jäger sich hochtrauten, weil er zu gefährlich war. Ich war ihn schon mal hinaufgestiegen, heimlich, und hatte den Blick über den Rand schweifen lassen. Ich hatte die Wiesen gesehen, die sich erstreckten, so weit das Auge reichte, es sah aus wie das Meer, da konnte einem richtig schwindlig werden. An Gewitterabenden stellte ich mir danach jedes Mal vor, wie sich das Plateau dort oben in den Wolken mit Wasser bedeckte, irgendwann würde es überschwappen und uns alle mitreißen, und wenn wir dann aufwachten, säßen wir mit dem Hintern in der Asse.

Da es sowieso alle wissen, kann ich es auch gleich sagen: Bis zum Krieg bin ich nicht gekommen. Hätte ich das gewusst, wäre ich zu Hause geblieben und hätte weiter jeden Abend auf den Mistral gelauscht, der durch die Steine der Wand zu mir sprach. Eine Fortsetzung hätte es dann nicht gegeben. Aber auch keine Viviane, die Königin mit den heftigen Augen, die sprach wie alle Winde auf allen Plateaus aller Länder. Und das war besser als mein Wind auf der Tankstelle, der mir immer dieselben Geschichten erzählte. Aber dazu komme ich später, denn in dem Moment war ich Viviane ja noch nicht begegnet.

Beim Abendessen verkündete ich meinen Eltern:

»Ich gehe fort.«

Mein Vater antwortete nicht, weil seine Fernsehserie gerade angefangen hatte. Meine Mutter sagte, ich solle meine Linsen aufessen und nicht mit vollem Mund sprechen. Im Grunde war es besser so, denn wenn sie mir gesagt hätten, ich solle bleiben, hätte ich einen Rückzieher gemacht.

Trotzdem machte es mich ein wenig traurig, die Tankstelle zu verlassen. Mein ganzes Leben hatte ich dort verbracht, ich kannte nichts anderes, und es ging mir gut auf der Tankstelle. Mein Vater sagte immer, woanders sei es genauso wie hier, mal ein bisschen mehr so, mal ein bisschen mehr so, aber im Grunde gleich. Ich war aufgewachsen mit dem Geruch von Benzin und Schmieröl aus der kleinen Werkstatt, wo manchmal der Schneepflug der Gemeinde repariert wurde, und genau diese Gerüche mochte ich so sehr. Jetzt fehlen sie mir.

Früher, wenn ich aus der Schule kam, zog ich mir einen alten Overall an, den meine Mutter an den Armen und Beinen gekürzt hatte, und tat so, als würde ich meinem Vater helfen. Manchmal durfte ich ihm ein Werkzeug reichen, aber nur, weil er mir eine Freude machen wollte, denn ich gab ihm immer das falsche.

Als ich dann mit der Schule aufhören musste, blieb ihm nichts anderes übrig, als mir irgendeine Aufgabe zu geben, und so bekam ich die Erlaubnis, in meiner Shell-Jacke die Autos vollzutanken. Mama sagte, die Kunden sähen das gern, so eine Jacke, das hätte was Exklusives. Ich wusste zwar nicht, was das hieß, spürte aber, dass es etwas Tolles war, exklusiv zu sein.

Ich sagte, dass ich die Frauen ein wenig kannte, auch wenn man das nicht meinen sollte. Ich muss es einfach erzählen, es war nämlich auch auf der Tankstelle passiert, und in der Nacht, als ich fortging, musste ich an all das denken. Einmal hatte ich auf dem Felsvorsprung hinterm C gesessen und nichts weiter gemacht, mich nur mit mir selbst beschäftigt. Eine schöne Limousine war gekommen und hatte getankt, und während der Mann bezahlte, ging seine Frau zum C, aber von meinem Platz aus konnte ich durch das kleine Belüftungsfenster hineinschauen. Als sie ihren Rock anhob, erstarrte ich, und im selben Moment sah sie mich.

In meinem Kopf machte ich mich gleich aus dem Staub. In Wirklichkeit blieb ich sitzen und glotzte zu ihr hin. Ich dachte schon, sie würde schreien, aber sie lächelte, und dann schob sie die Hand zwischen ihre Beine, dorthin, wo meine Mutter sagt, dass es schmutzig ist und man nicht hinfassen darf, aber sie fasste lange dorthin und schaute weiter zu mir, und dabei sah sie aus, als würde es ihr ein bisschen wehtun. Ich weiß nicht mehr, wie lange das so ging, ich glaube, ich bin ohnmächtig geworden. Als ich die Augen wieder aufschlug, war sie jedenfalls verschwunden, und ich war ganz nass.

Das war mir schon mal passiert, als ich so eine Zeitschrift gefunden hatte, die hatten die Jäger im Wald liegen lassen, die Seiten waren vom Regen ganz gewellt. Sie war voller nackter Frauen, und da war ich auch explodiert. Ich vergrub die Zeitschrift unter einer Kiefer und ging immer wieder hin, um sie mir anzuschauen. Aber die Geschichte mit der Limousine war für mich das erste Mal mit einer richtigen Frau. Natürlich weiß ich, dass das nicht wirklich »mit« einer Frau war, aber so gut wie. Irgendwas sagte mir, dass das kein Kinderkram war, noch ein Beweis dafür, dass ich zum Mann wurde.

Und genau daran dachte ich an diesem Abend, während ich den Rucksack mit meinen Kriegssachen packte. Anziehsachen hatte ich einen ganzen Schrank voll, so viele, dass ich gar nicht wusste, welche ich nehmen sollte. Jedes Jahr kam ein großer Karton bei uns an, mit meinem Namen drauf, und er war voller Hemden, Jacken und Hosen, getragen von Cousins, die ich nie gesehen hatte. Meine Mutter änderte sie um, aber es half alles nichts, ich schwamm immer noch darin. Ich hasste diese Sachen. Sie rochen nach fremden Waschmitteln, nach weiten chemischen Landschaften, die ich nicht mochte, sie mussten zehnmal gewaschen werden, bevor ich bereit war, sie anzuziehen. Aber eine Wahl hatte ich sowieso nicht. Entweder das, oder nackt rumlaufen. Ich stopfte so viel in den Rucksack, wie ich hineinbekam.

Fehlte nur noch eins in meinem Marschgepäck, das Wichtigste: eine Waffe. Die Eltern schliefen – mein Vater schnarchte auf der Bettcouch im Wohnzimmer, meine Mutter im Schlafzimmer. Ich ging an der Couch vorbei zu dem schönen Resopalschrank, um Papas 22er herauszunehmen, mit dem er die Kaninchen schoss, und die paar Patronen, die noch in der Schachtel lagen. Ich steckte sie ein. Patronen sollte man mir besser noch welche geben für den Krieg, denn mit den paar wenigen würde ich kaum viele Feinde töten können. Und man sollte mir zeigen, wie man mit dem Gewehr umgeht. Zu Hause war mir verboten, es auch nur anzufassen, und ich wusste, wenn ich es nahm, wäre nichts mehr so wie vorher.

In dem Moment richtete mein Vater sich auf und sah mich direkt an. Ich dachte, ich würde sterben. Aber dann sackte er wieder zurück, drehte sich um und schnarchte weiter. Ich schaute auf den Boden, unter meinen Füßen war eine große Pfütze.

Ich musste mich noch mal umziehen. Dabei ging natürlich wahnsinnig viel Zeit verloren, aber schließlich öffnete ich in meinem Zimmer das Fenster. Ich brauchte mich nur hinauszulehnen und konnte den Fels berühren, und so machte ich es auch. Er war ganz kalt, die Sonne kam niemals bis dorthin. Die großen Ziffern meines Weckers hatten sich gedreht und zeigten eine Uhrzeit an, die ich nicht verstand. Ich zog mir meine Shell-Jacke über und knipste die Nachttischlampe dreimal an und wieder aus, denn wenn ich das nicht machte, bevor ich abends schlafen ging, hatte ich Angst, in der Nacht zu sterben.

Dann stieg ich über die Fensterbank. Draußen schaute ich mich ein letztes Mal um. Ich wollte mich noch einmal sattsehen an der Tankstelle, bevor ich im Kiefernwald hinter der Werkstatt verschwand.

Danach habe ich sie nur noch einmal wiedergesehen.

Ein Teufelskerl. Ein Genie. Ein helles Köpfchen. All das war ich nicht, das bekam ich immer wieder zu hören. Ich muss es jetzt einfach mal sagen: Ich bin ein wenig seltsam. Ich selber finde das nicht, aber die anderen.

Körperlich bin ich normal. Ich finde mich sogar recht gutaussehend, wenn ich mich nach dem Baden im Spiegel anschaue, und ich muss nur meine nassen Haare schön nach hinten streichen, schon sehe ich ein bisschen aus wie Don Diego de la Vega, abgesehen von dem Schnurrbart. Wenn ich spreche, versteht man mich gut. Und wenn man mir ans Knie schlägt, geht mein Bein hoch wie mein Pipi, sobald ich die Zeitschrift unter der Kiefer ausgrabe. Nur im Kopf bin ich nicht ganz so wie die anderen. Jedenfalls meinte das Doktor Bardet zu meinen Eltern, als wir mal zu ihm nach Malijai gefahren sind.

Man muss die Dinge so sehen, sagte mein Vater und zeigte auf das wunderschöne Foto des Alfa Romeo Giulietta über seinem Schreibtisch: Ich bin ein bisschen wie dieses Auto, aber mit dem Motor einer Ente drin. Er fragte mich, ob ich verstanden hätte, und ich sagte Ja, aber ich war mir nicht sicher. Wenn jemand ein so schönes Auto hat wie einen Alfa Romeo, spielt da der Motor eine Rolle? Ein Auto, das fährt, wo soll da das Problem sein? Vor allem, wenn es auch noch rot ist und so toll aussieht.

Klar, manchmal hätte ich schon gerne einen etwas größeren Motor. Vielleicht nicht unbedingt einen V8, aber einen

Vierzylinder zum Beispiel, das wäre eine Hilfe, wenn mir etwas schwerfällt. Ich kann einfach nicht zählen, und wenn ich schreiben will, gehen in meinem Kopf alle Buchstaben durcheinander, sie verheddern sich in meinem Arm und kommen an der Füllerspitze wie ein Spaghettinest raus. Deswegen musste ich auch die Schule verlassen. Selbst die einfachsten Sachen bekam ich nicht hin. Normalerweise hätte man mich auf eine Sonderschule schicken müssen, man hat uns sogar eine Broschüre gegeben mit allen möglichen Fotos von Kindern in breiten Gängen und Leuten, die ihnen lächelnd die Hand auf die Schulter legen. Aber in unserer Gegend gab es keine solche Schule, und allen war es egal, mir zuallererst. Also arbeitete ich auf der Tankstelle. Mag ja sein, dass ich nur Spaghetti schreibe, aber niemand kann so tanken wie ich. Am Geräusch erkenne ich genau, wann der Tank gleich voll ist. Und ich weiß, wie man es hinkriegt, dass kein einziger Tropfen verschwendet wird oder, noch schlimmer, über die Karosserie läuft. Ich würde gerne mal sehen, wie der Doktor Bardet tankt. Tja, das wäre was, ich würde mich bestimmt kaputtlachen. Und ich könnte mich lustig machen über ihn und seinen tollen Motor.

Es fiel mir schwer, mich an Sachen zu erinnern, Sachen vor allem, die ich mir merken sollte. Manchmal erinnerte ich mich haarklein an irgendein unbedeutendes Detail, an die Reihenfolge zum Beispiel, in der die Aufsätze für die Ratschen in den Werkzeugkasten meines Vaters gehörten, nur ihre Zahlen konnte ich mir nie merken. Die Schule jedenfalls schien mir jetzt, wo ich schnaufend zwischen den Kiefern den Berg hochstieg, sehr fern zu sein, und mein

Leben auf der Tankstelle auch. Wenn jemand »vor einem Monat« sagte oder »in zehn Jahren«, konnte ich das in meiner Welt nicht gut einordnen im Verhältnis zu jetzt oder gleich, in meiner Welt, in der ich weinte, wenn ich mich schnitt, oder glücklich war, wenn mir ein Kaubonbon die Zähne zusammenklebte.

Trotzdem kann ich manche Sachen gut. Ich bin stark, weil ich die ganze Zeit draußen bin und schwere Sachen hebe wie Reifen oder Holzscheite. Ich mag das, Sachen hochheben, da bin ich genauso viel wert wie jeder andere. Ich kann auch klettern, ich komme so weit rauf, dass meine Mutter einmal in Ohnmacht gefallen ist, als sie sah, wie ich die Felswand hinter der Tankstelle hochkletterte. Als ich wieder unten war, gab's eine Tracht Prügel, mein Vater hat mir sogar einen Zahn ausgeschlagen. Zum Glück war es ein Milchzahn.

An dem Abend, als ich fortging, war es taghell, und als ich den Kiefernwald hinter mir hatte, fand ich den Weg leicht wieder. Er zog sich wie eine Narbe aus weißer Kreide über den Felshang, ein riesiges Z. Das war der einzige Buchstabe, den ich sofort erkannte, dank Zorro. Ich passte auf, dass ich keinen Krach machte, einfach so, aus Gewohnheit, denn sobald man mich bei etwas erwischte, endete es im Allgemeinen nicht gut.

Ich machte mich an den Aufstieg. Auf halbem Weg hielt ich an, ich war völlig außer Atem. Ich erinnerte mich nicht, dass es so schwer war. Das letzte Mal war ich in einem Rutsch hochgekommen, ohne stehen zu bleiben, und ich hätte weiterlaufen können bis zum Himmel. Jetzt pochte mein Herz, und ich hatte Seitenstechen.

Die Tankstelle war nicht mehr zu sehen. Aber ich erkannte noch die Brücke, über die die Straße zu uns führte, sie war so klein geworden, dass ich sie mit der Hand verdecken konnte. Es machte mir Angst, und gleichzeitig war ich ganz aufgeregt. Irgendwo dort unten schliefen meine Eltern. Oben musste alles unter Beschuss sein, auch wenn ich nichts hörte. Ich war noch zu weit weg vom Krieg. Und dann sagte ich mir, dass es ja auch ein langer Weg war, denn als ich das letzte Mal über den Rand des Plateaus geschaut hatte, waren da nur diese endlosen Wiesen gewesen, weit wie das Meer, und Schafe, das waren die Wellen. Ich würde also noch weiter gehen müssen, vielleicht bis hinter die Berge, um die Schlachten zu finden, die allen zeigten, was für ein Haudegen ich war. Ich hatte keine Zeit zu verlieren.

Wirklich komisch, aber nicht einen einzigen Moment habe ich daran gedacht, dass man nach mir suchen könnte. Erst später, als Viviane davon sprach, kam es mir logisch vor. Aber so weit denke ich nie, das ist noch so ein Problem von mir. Ich ging in aller Ruhe meinen Weg weiter, das Gewehr meines Vaters quer über der Schulter.

Erst da merkte ich, dass ich den Rucksack mit meinen Kriegssachen vergessen hatte.

Auf einmal drehte sich alles. Ich wusste nicht mehr, wo oben war und wo unten. Der Pfad schrumpfte unter meinen Füßen zusammen, verschwand in der Wand, und mit aller Kraft drückte ich mich gegen den Fels. Mein Gesicht war nass, kalt, heiß, mir war speiübel. Ich hatte Angst, ich könnte runterfallen, aber eine Stimme sagte mir, dass alles gut würde, ich müsste nur springen, dann hätte ich nie, nie wieder vor irgendwas Angst. Niemand würde mich mehr fortbringen, niemand würde mich mehr Dummkopf nennen. Die kleine Stimme flüsterte, »spring, spring«, während meine Hände sich wie große Spinnen an das Gestein klammerten. Ich schloss die Augen, aber das war noch schlimmer, der Berg kippte um, mein Kopf hing im Leeren, meine Füße standen im Himmel. Da hätte ich erst recht kotzen können.

Schließlich hörten meine Hände auf die Stimme und ließen los.

In meinem endlosen Sturz auf die Tankstelle zu erinnerte ich mich daran, dass mir dasselbe schon mal passiert war. Nicht dass ich einen Felshang runtergefallen wäre, aber so eine Panikattacke.

Das hatte ich fast vergessen. Es war Weihnachten gewesen. In der Schule hatten wir ein Krippenspiel aufgeführt. Der Lehrer hatte gefragt, wer welche Rolle spielen wollte, alle wollten das Christkind spielen, aber bekommen hat die Rolle Cédric Rougier, ausgerechnet, denn er war der Größte in der Klasse. Alle redeten durcheinander, und zum Schluss blieb nur der Esel übrig. Der Lehrer fragte, wer den Esel spielen wollte, jemand rief meinen Namen, und die ganze Klasse lachte los. Mich juckte das nicht, ich sagte, ich würde gerne den Esel spielen, darauf lachten sie noch lauter.

Der Lehrer fand das gar nicht lustig, er gab mir sogar einen kleinen Text. »Die Tiere grüßen dich, du göttliches Kind«, daran erinnere ich mich noch gut. Und als die anderen dann sahen, dass ich ein Esel war, der sprechen konnte, lachte keiner mehr. Wir bekamen Kostüme, aber so richtige, die kamen von einem Theater.

An Heiligabend spielten wir das Stück vor dem ganzen Dorf. Die Beine von Cédric Rougier ragten aus der Krippe heraus, in einem Strumpf hatte er ein Loch. Martin Ballini, der das Schaf spielte, schubste dauernd die anderen, weil er vorn auf der Bühne stehen wollte. Als ich an die Reihe kam, trat ich in meinem Eselskostüm vor, und auf einmal hatte ich dasselbe wie an diesem Abhang, weil alle zu mir hinstarrten. Ich war es gewohnt, dass man mich anschaute, aber nicht so. Meine Eltern erzählten mir, ich hätte mich aufgebäumt und wäre wie tot umgefallen, wie diese Pferde im Western, wenn auf sie geschossen wird. Engel hätten mich von der Bühne runtergezogen. Ich selber erinnere mich nur an das Loch im Strumpf von Cédric Rougier, das Loch war riesig geworden und hatte mich verschluckt. Als ich die Augen wieder aufschlug, hingen jede Menge Köpfe über mir, mittendrin der Kopf des Pfarrers. Er fragte mich, ob alles in Ordnung sei, und ich sagte: »Die Tiere grüßen dich, du göttliches Kind.« Danach habe ich die ganzen Linsen vom Abendessen ausgekotzt.

Ich atmete einen tiefen Zug Nacht ein, einen strengen Geruch nach Kirche, Schiefer, Bohnenkraut. Ich lag nicht im Tal und war tot. Der Steig hatte sich nicht aufgelöst, er war noch da, ganz hart und weiß unter meinen Handflächen. Ich hatte mir nur die Wange am Fels aufgeschrammt. Aber mein Gewehr hatte ich nicht mehr. Ich musste es losgelassen haben, es war im Nichts verschwunden.

Ich lehnte mich an die Felswand und wartete, dass ich wieder Luft bekam. Die würden Augen machen dort oben, wenn ich ihnen sagte, dass ich mich freiwillig verpflichten wollte. Sie würden mich fragen: »Und wo ist deine Ausrüstung?«, und dann müsste ich ihnen die Wahrheit sagen: dass ich meine Kriegssachen vergessen hatte, dass ich meine Waffe verloren hatte und dass ich eine Panikattacke gehabt hatte, als ich es bemerkte. Außerdem würde ich bei meiner Rückkehr eine Tracht Prügel beziehen, ich musste also doppelt so viele Medaillen kriegen, damit keiner mehr an die Sache mit dem Gewehr dachte.

Das alles kam mir auf einmal sehr kompliziert vor. Ich schloss die Augen. Zurück zur Tankstelle konnte ich nicht, das war klar. Wenn ich zurückginge, würde man mich fortbringen, vor allem wenn meine Eltern dahinterkamen, dass ich nachts losgezogen war, und das würden sie, weil ja Papas 22er fehlte. Ich musste also weitergehen. Irgendwo würde ich schon etwas zu essen finden. Schade um das Sandwich mit Schmalzfleisch, das ich als Erstes in den Rucksack gepackt hatte.

Ich stand auf und wartete noch einen Moment, ich wollte einfach sicher sein, dass meine Beine nicht wackelten, dass es echte Männerbeine waren, die einen tragen und nicht loslassen.

Als ich oben ankam, war es noch Nacht. Ich wusste nicht, wie lange ich gebraucht hatte, aber es war dieselbe Nacht, da bin ich mir sicher. Das Plateau war wie in meiner Erinnerung, nur dass das Gras ganz kurz war. Überall waren Berge, und zwischen den Bergen diese unendlichen Wiesen, weit wie der Ozean. Ich mochte das, weil ich Dinge mag, die sich nicht verändern, mindestens genauso wie Dinge, die glänzen. Ich tauchte sofort ein in den Geruch von geschnittenem Heu.

Schließlich brach der Tag an, und ich drehte mich zu ihm hin. Da war ein rotes Wasser, das am Horizont aufstieg und über das Plateau floss, an der einzigen Seite, wo es nicht verschlossen war, dieses Plateau, auf das ich bald stürzen sollte, auch wenn ich das natürlich noch nicht wusste.

Und auf einmal wurde das rote Licht weiß, das Plateau fing an zu leuchten, es war der schönste Ort der Welt. Ein großer Felsblock ragte aus den Wiesen hervor, ich ging hin und legte mich ins Gras, wollte schlafen. Bevor ich die Augen schloss, sah ich verschwommen eine Esparsette mit großen, purpurroten Blüten. Am Stängel kletterte ein von Tau bedeckter Käfer zur Sonne hinauf.

Die Tiere grüßen dich, du göttliches Kind.

Die Sonne weckte mich, mit ihren glühenden Daumen drückte sie mir auf die Lider. Ich hielt mir den Arm über die Augen, wollte weiterschlafen. Um mich herum war eine tiefe Ruhe, nur die Luft rauschte über den Boden, doch inmitten dieser Ruhe war noch etwas anderes, eine vom Wind geformte Gestalt, und ich schlug die Augen auf.

Sie schaute mich an, saß auf dem Felsblock, das Kinn auf den Knien und die Arme davor. Ich fuhr hoch, sie auch. Wir schauten uns an und wussten nicht recht, was wir tun sollten.

»Ich dachte, du wärst tot«, sagte sie schließlich.

Sie hatte eine lustige raue Stimme, eine Frauenstimme, die nicht zu ihrem Mädchenkörper passte. Und sie war sehr dünn, so dünn, dass es aussah, als könnte sie zwischen zwei Windstößen hindurchschlüpfen, ohne irgendwo anzuecken. Ihre Haare waren kurz und blond, mit einer langen Strähne über der Stirn, eher ein Jungenschnitt. Nur ihre Augen, die waren wie ein Schlag, und wenn ich das sage, dann weil ich wirklich den Eindruck hatte, sie würden mir einen Schlag versetzen, sie sahen wütend aus, dabei hatte ich gar nichts getan.

Ich antwortete, nein, nicht tot. Ich wollte, dass sie mich in Ruhe ließ, ich musste denken, es war das erste Mal in meinem Leben, dass ich weit weg von meinen Eltern geschlafen hatte, und ich musste nachdenken, um zu verstehen, was das bedeutete, das war wichtig, ganz bestimmt. Aber statt mich in Ruhe zu lassen, schaute sie mich an und runzelte die Stirn, allerdings nicht so wie die Leute, mit denen ich zum ersten Mal rede und die immer verwundert gucken. Es machte mich nervös, denn das hier war neu, und Neues mag ich nicht besonders.

Sie sagte mir ihren Namen, obwohl ich sie gar nicht danach gefragt hatte. Viviane. Als ich ihr meinen sagen wollte, ließ sie mich nicht aussprechen.

»Tut das weh da im Gesicht?«

Ich fasste mir an die Wange, es war hart und krustig an der Stelle, wo ich über die Felswand geschrammt war, außerdem brannte es, aber nur ein bisschen. Ich brummte etwas. Dann zeigte sie auf meine Jacke, meine schöne gelbe Jacke mit den roten Buchstaben auf dem Rücken.

»Shell, das ist ja ein witziger Name.«

Und sie lachte. Irgendwie war das toll, ihr Lachen, es war frisch und angenehm. Aber gut, ich hieß nicht Shell. Shell ist eine Benzinmarke, und das sagte ich auch. Ihr war das egal, sie mochte Shell, jeder andere Name würde weniger zu mir passen, wäre hässlich. Danach konnte ich schlecht sagen, wie ich wirklich hieß.

»Selber hässlich«, antwortete ich stattdessen.

Auf die Schnelle fiel mir nichts Besseres ein, und ehrlich gesagt, damit hatte ich es ihr ganz gut zurückgegeben. So gut, dass Viviane die Zähne zusammenbiss und vom Felsen herunterkam. Ich dachte schon, sie würde auf mich draufspringen. Ich bin zwar stark, aber sie sah *wirklich* wütend aus. Ich war alles andere als ruhig. Als sie dann sprach, erinnerte mich ihre Stimme an den Wind.

»Ich habe dir nicht erlaubt zu sprechen«, sagte sie.

»Ich spreche, wann ich will.«

»Ich hasse dich.«

»Ich dich auch.«

Sie machte ein Gesicht, als würde sie nachdenken, schaute zum Himmel, dann auf den Boden. Ihre Fußspitze grub ein kleines Loch.

»Was machst du hier?«

Ich atmete so tief ein, wie ich konnte, um größer zu wirken.

»Ich ziehe in den Krieg.«

»Welcher Krieg?«

Ich kicherte. Welcher Krieg? Sah sie denn niemals fern?

»Der im Fernsehen.«

»Wieso?«

Diese Fragerei, puh, war das anstrengend. Als bekäme ich eine Tracht Prügel, ohne dass sie mich berührte.

»So ist das eben«, antwortete ich. »Männer ziehen in den Krieg.«

Sie spuckte aus, und das passte auch nicht zu ihrem Mädchenkörper, aber es passte zu der Wut in ihren Augen. Dann fragte sie mich noch mal:

»Wieso?«

»Wieso was?«

»Wieso du ein Mann sein willst.«

Ich wusste nicht, was ich darauf sagen sollte. Viviane störte das nicht, sie antwortete für mich.

»Weil du ein dummer Lulatsch bist. Deshalb.«

Lulatsch kannte ich nicht, aber dumm kannte ich gut, und das mochte ich gar nicht. Ich ballte die Fäuste.

Auf einmal sah ich, dass ich ihr Angst machte. Früher war ich mit meinem Vater auf die Jagd gegangen, bis zu dem Tag, an dem der Sohn der Martels durch einen versehentlichen Gewehrschuss getötet wurde, weil man ihn mit einem Wildschwein verwechselt hatte, und meine Mutter sagte, sie wollte nicht, dass ich weiter mit zum Jagen ging. Aber jetzt musste ich an den Fuchs denken, den die Hunde in die Enge getrieben hatten, und Viviane machte genauso ein Gesicht. Sofort löste ich meine Fäuste. Sie hatte Tränen in den Augen. Wirklich albern, aber am liebsten hätte ich auch geweint.

»Ich hasse dich«, sagte sie noch einmal.

»Und ich hasse dich noch mehr.«

Sie kehrte mir den Rücken zu und ging. Ich war fast erleichtert, dass ich ihre Augen nicht mehr sehen musste. Ein Stück weiter drehte sie sich noch mal um.

»Morgen komme ich wieder.«

Ich fing an zu lachen, manchmal erschreckte das nämlich die Leute, wenn ich so lachte, so richtig laut. Was glaubte die denn? Morgen wäre ich schon weit weg, auf der anderen Seite des Plateaus, vielleicht sogar schon im Krieg. Ich wollte mich noch über sie lustig machen, aber dann sagte ich nur:

»Na gut.«

Am nächsten Morgen kam sie nicht wieder. Ich wartete den ganzen Tag, und wenn ich eine Uhr gehabt hätte, hätte ich die ganze Zeit draufgeschaut. Nur hätte das nichts geändert, weil ich die Zeiger nicht verstand. Sie bewegten sich, wenn man nicht hinsah, und das hasste ich, was sonst. Die Leute konnten mir alles Mögliche erzählen, normal war das nicht.

Ein Berg war leicht zu verstehen. Der blieb, wo er war, und fragte niemanden etwas, er sah immer aus wie ein Berg und verwandelte sich nicht in ein Schoko-Eclair oder einen Achtzehner-Schraubenschlüssel, wenn man sich umdrehte. Ich mochte das Tal, die Tankstelle, das Plateau, eben weil sie immer gleich waren. Selbst wenn es im Winter schneite, erkannte man sie sofort wieder. Das war, als hätten sie sich nur verkleidet, ich wusste ja, dass sie noch dieselben waren. Das war bloß ein Spiel.

Irgendwann langweilte ich mich. Auf der Tankstelle gab es immer was zu tun, etwas Schweres musste hochgehoben werden, oder ich polierte das Telefon. Danach konnte ich liegen bleiben und meine Muskeln befühlen, die unter der Haut so schön hart waren, konnte zusehen, wie das Bakelit glänzte, und schon verging der Tag.

Auf dem Plateau wusste ich jetzt nicht, wie ich meine Hände beschäftigen sollte, sie hingen viel zu schwer am Ende meiner Arme. Das Einzige, was man hier tun konnte, war rumlaufen – das wollte ich lieber nicht, ich wartete ja auf Viviane – oder auf die Heuballen klettern. Aber das war gefährlich. Meine Großmutter hatte mir erzählt, dass sie, als sie noch klein war, beinahe von einem Mehlballen oder so was überrollt worden wäre, sie hatte darauf gespielt, und dann war er einfach losgerollt. Die Eltern meiner Großmutter waren Bäcker. Mehlballen, Heuballen, das kam mir nicht so viel anders vor. Ich wollte keine Schau abziehen und riskieren, dass Viviane mich tot vorfand. Da hätte ich wirklich ausgesehen wie der letzte Trottel. Ich hielt also Abstand zu diesen großen runden Dingern.

Ich muss von meiner Großmutter erzählen, denn sie gehörte zu den Menschen, die normalerweise mit mir sprachen. Die anderen waren Viviane, klar, und Matti, der Schäfer.

Meine Großmutter war in einem weit entfernten Land geboren, das hatte ein A in seinem Namen oder ein E oder ein I, jedenfalls kein Z, sonst hätte ich mich daran erinnert, außerdem rollte man dort das R. Ich glaube, sie sprach auch von einem Krieg, aber damals war ich noch zu klein, das interessierte mich noch nicht. Viel lieber mochte ich es, wenn sie mir von der Bäckerei erzählte. Es fiel mir schwer, sie mir als Kind und voller Mehl vorzustellen, weil sie schon alt war und immer schwarze Sachen trug. Ihre Geschichten waren besser als die aus den Büchern, die ich nicht lesen konnte. Sie war die Mutter meiner Mutter. Eines Tages war sie zur Tankstelle gekommen und hatte in unserem Wohnzimmer gewohnt. Ich war dann größer geworden und sie kleiner. Eines Nachts war sie verschwunden, einfach weg. Ich hatte Lärm gehört, Stimmen, überall war Geflüster, und ich versuchte die Augen zu öffnen, aber ich schaffte es nicht, und als ich am Morgen aufwachte, war sie nicht mehr da. Sie war gestorben, hieß es, wie der Sohn der Martels, den man mit einem Wildschwein verwechselt hatte. Für mich war das ein Schlag, ich verstand nicht, wie man sie mit einem Wildschwein verwechseln konnte.

Meine Großmutter sagte immer, jemand hätte meine Mutter *verrrhext*, deshalb wäre ich so, und ich sollte nicht auf die bösen Sachen hören, die die Leute über sie erzählten. Ich hatte nie jemanden etwas Böses über meine Mutter sagen hören, wer hätte so was auch tun sollen. Großmutter ließ mich den Rosenkranz beten, und alle wunderten sich, dass ich das schaffte, wo ich doch nie etwas behielt. Aber der Rosenkranz war einfach. Es war immer dieselbe Anzahl von Perlen, dieselbe Anzahl von Wörtern für jede Perle, und die Perlen glänzten. Alles war perfekt. Ich weiß nicht, was aus dem Rosenkranz geworden ist, ich glaube, er ist mit ihr gegangen.

Allzu lange war mir auf dem Plateau nicht langweilig, denn mittags bekam ich Hunger. Wenn ich zu Hause Hunger hatte, kriegte ich was zu essen, aber jetzt war ich allein und musste zusehen, wie ich zurechtkam. Trotzdem kam es mir auf einmal nicht mehr so lustig vor, ein Mann zu sein, vielleicht war es das gewesen, was Viviane mir sagen wollte. Ich stellte mir vor, wie sie vor einem schönen Teller Linsen saß, meinem Lieblingsessen, weil sie nicht versucht hatte, etwas anderes zu sein als das, was sie war. Sie war pfiffig, diese Viviane, das hatte ich sofort gespürt, deshalb hatte ich auch Lust, sie wiederzusehen. Ein bisschen auch, weil sie hübsch war.

Allein bei dem Gedanken an die Linsen knurrte mir der Magen. In meinen Taschen fand ich fünf Bonbons, die hatte ich auf der Tankstelle aus den Bonbongläsern stibitzt, als meine Eltern mal nicht hinschauten, und ein halbes Kaubonbon. Ich lutschte alles ganz langsam.

Danach war ich zwar nicht mehr so hungrig, aber auch nicht satt. Am Rand des Abhangs hatte ich zwei Erdbeerbäume voller Früchte gesehen, die Bäume hingen fast im Nichts, aber ich hatte Angst, Viviane zu verpassen, wenn ich meinen Felsblock verließ. Ich zögerte lange: das Mädchen mit den schwarzen Augen hier, die großen gelben und roten Früchte da. Am Ende gewannen die Früchte.

Ich ließ meine Jacke auf dem Boden liegen, mit ausgebreiteten Ärmeln, damit sie genau sah, dass ich noch da war, und ging los. Ich beeilte mich, und in null Komma nix hatte ich die Bäume abgepflückt und so viele Früchte gegessen, wie ich nur konnte, selbst die überreifen. Sie schmeckten nach nichts, das war nur der Heißhunger, aber es tat unheimlich gut. Ich kehrte zurück zu meinem Felsen und war zufrieden, bis mir einfiel, dass ich vielleicht besser ein paar Früchte aufgehoben hätte, statt mir den Bauch vollzuschlagen, aber zu spät. Ich hätte mich ohrfeigen können.

Zumindest Wasser würde kein Problem sein, so viel wusste ich. Das hier waren Almwiesen, irgendwo im Gras plätscherte es immer, manchmal patschte man versehentlich mit dem Fuß hinein. Und Tränken gab es, voll mit schwarzem Wasser, weil der Boden aus Schiefer war, so schön, dass man am liebsten den Kopf hineingesteckt hätte.

Meine Jacke lag noch an ihrem Platz, Viviane war also

nicht gekommen. Wäre sie gekommen, hätte sie irgendwas mit der Jacke gemacht, vielleicht die Ärmel verrutscht oder sie irgendwie lustig gefaltet, da war ich mir sicher. Ich hatte das Gefühl, dass ich sie schon kannte, auch wenn wir nur einmal miteinander geredet hatten.

Es wurde Nacht. Ich lehnte mich an meinen Felsen, er war noch ganz heiß, dann schloss ich die Augen. Nur für eine Minute, um Kräfte zu sammeln. Als ich sie wieder aufschlug, war es Tag. Ich war eingeschlafen, ohne meine Lampe dreimal an- und wieder auszuknipsen, und ich war nicht gestorben. Einerseits war das beruhigend, aber im Nachhinein hatte ich trotzdem ein bisschen Angst. Ich zwinkerte dreimal mit den Augen, man konnte nie wissen, notfalls ersetzte das ja vielleicht die Lampe.

Ich machte ein paar Schritte im Gras, es hatte noch seinen morgendlichen Glanz und war wie ein dicker, feuchter Kuss an meinen Füßen. Ich wollte bleiben, mir ging es gut hier, aber meine Füße liefen weiter auf den Rand des Plateaus zu, um mich zurück zur Tankstelle zu bringen, schließlich wussten sie, dass ich nicht ganz allein hier bleiben konnte. Nur hatten sie das mir, dem Zwölfjährigen, nicht gesagt, sie hatten nachts getuschelt und beschlossen, stillschweigend umzukehren. Vielleicht war es auch besser so. Mit ein wenig Glück hatte ich genug bewiesen, und die Leute, die mich abholen wollten, würden es schon einsehen. Sie würden mir die Hand geben und sagen, sie seien umsonst gekommen.

Nur musste ich erst meine Jacke holen, die ich im Gras hatte liegen lassen. Meine Füße weigerten sich, und ich flehte sie an, aber sie hörten nicht auf mich. Ich musste rückwärts gehen. Die Jacke war ganz nass, ich zog sie trotzdem an, die Sonne wärmte schon. Ein letztes Mal stieg ich auf den Felsblock, um dem Plateau auf Wiedersehen zu sagen.

Ich spürte einen Windstoß, einen *travèsso*, so heftig, dass er wie eine Mauer war, ich hätte mich dagegenlehnen und einschlafen können. Dann war es vorbei, das Gras auf dem Plateau richtete sich wieder auf, und ich sah die schlanke Gestalt auf mich zukommen.

Viviane trat aus dem Wind, und ohne etwas zu sagen, setzten wir uns hinter den Felsen, da waren wir geschützt. Ich freute mich, sie wiederzusehen, aber in meinem Kopf waren zu viele Wörter, sie kamen einfach nicht raus.

Sie hatte ein blaues Auge, das linke. Links war die Seite, wo an meinem Schuh die Sohle ein bisschen abging. Zum Glück war ich mit dem richtigen Paar losgegangen.

»Ist das von deinem Vater?«, fragte ich.

Sie schaute mich irgendwie komisch an, dann lachte sie. Sie wollte wissen, wie ich darauf käme. Bei meinem letzten blauen Auge hatte mein Vater mir eine geknallt, und so sagte ich es ihr. Das machten Eltern so.

»Nein, nicht von meinem Vater. Das war ich selbst.«

Mir genügte es als Erklärung, aber sie sprach weiter.

»Ich wollte wissen, wie das geht. Ich habe mir selbst eine verpasst.«

Das klang einleuchtend, ich nickte. Sie drehte sich zu mir, mit den Knien im Gras.

»Wenn ich dich bitten würde, mich ins Gesicht zu schlagen, würdest du das tun?«

»Wenn du willst.«

»Dann los, mach.«

Ich kniete mich vor sie, ballte die Faust. Sie schloss die Augen, aber ich rührte mich nicht. Das war merkwürdig, ich schaffte es einfach nicht. Ich wollte ihr den Gefallen tun, aber ich hatte das Gefühl, dass sie mich durch ihre geschlossenen Lider ansah. Sie lächelte, ohne die Augen zu öffnen.

»Ich wusste es. Du kannst die Hand nicht gegen deine Königin erheben.«

Ich sagte nur:

»Hä?«

Wir setzten uns wieder, die Beine ausgestreckt, meine waren länger als ihre. Sie hatte hübsche Sandalen an, ihre Füße waren richtig weiß.

»Wo wohnst du, Shell?«

»Auf der Tankstelle.«

»Welche Tankstelle?«

Ich deutete mit dem Finger auf das Ende des Plateaus.

»Die hinter der Tuves-Brücke. Und du?«

»Das ist ein Geheimnis. Du weißt, wer ich bin?«

Ich schüttelte den Kopf.

»Ich bin die Königin.«

Die Königin von was, wollte ich wissen. Sie breitete die Arme aus.

»Von allem, was du siehst.«

»Von dem Plateau hier?«

»Von dem Plateau hier.«

»Von den Bergen auch?«

»Von den Bergen auch. Ich bin die Königin des Plateaus und der Berge. Willst du mir dienen?«

»Ja. Ich kann tanken.«

Sie lachte, und ich weiß nicht, wieso, aber ich lachte auch. Ich hatte noch nie eine Freundin gehabt, und genau das passierte wohl gerade.

»Mir zu dienen heißt, alles zu tun, was ich dir sage, nicht bloß tanken.«

»Einverstanden.«

»Warte. Es gibt Regeln. Du darfst mich nicht anfassen, außer ich erlaube es dir. Ich bin deine Königin. Schwöre.«

Ich nickte. Ich hatte noch nie eine Königin gesehen, aber auch das leuchtete mir sofort ein.

»Ich schwöre.«

»Und dann darfst du niemals versuchen, mich zu finden. Nur ich werde immer zu dir kommen.«

»Warum?«

»Wenn du herausfindest, woher ich komme, ist der Zauber gebrochen, und ich werde wieder zu einem stinknormalen Mädchen. Ich würde alle meine Kräfte verlieren.«

»Du hast Kräfte?«

»Jede Menge.«

»Kannst du es regnen lassen?«

»Ja.«

»Und Wind machen?«

»Klar.«

»Zeig mal.«

»Du hast deiner Königin nichts zu befehlen. Schwöre, dass du niemals versuchen wirst, mich zu finden.«

»Ich schwöre.«

Sie stand auf und wischte die Grashalme von ihrem Kleid. Ich weiß noch, dass es blau war.

»Wir treffen uns immer hier, dann erkunden wir zusammen mein Land«, sagte sie mit ihrer rauen Königinnenstimme. »Noch Fragen?«

Nein, Fragen hatte ich keine, antwortete ich. Ich hatte wohl alles verstanden, vor allem die Sache mit dem Zauber, meine Mutter hatte man ja auch verhext. Natürlich wusste ich, dass das nicht dasselbe war, mit Viviane war alles eine Art Spiel, während der Fluch, der auf meiner Mutter lag, echt war, der Beweis dafür war ich. Aber Viviane machte ein ernstes Gesicht, und ich wollte sie nicht enttäuschen.

Ich sagte ihr nur, dass ich großen Hunger hätte. Mir war nicht ganz klar, wie ich ihr mit einem solchen Hunger dienen konnte. Sie sagte, ich solle mir keine Sorgen machen, und dann folgte ein komplizierter Satz, aber ich traute mich nicht, sie zu bitten, ihn zu wiederholen. Im Grunde hatte ich verstanden, dass sie mir etwas zu essen bringen würde, und ich betete fest, dass es Linsen wären.

Wir spielten ein Spiel, die Idee kam von ihr, es ging darum, den Marienkäfer mit den meisten Punkten zu finden. Am Anfang fiel es mir schwer, ich fand alle möglichen Punkte, aber nirgendwo einen Marienkäfer, und Viviane brachte mir bei, wie man sie sucht: erst den Marienkäfer, schön rot und schön glänzend, und dann die Punkte auf dem Käfer. Wenn sie etwas erklärte, wirkte es sehr viel einfacher.

Viviane machte ein ziemliches Theater mit den Marienkäfern. Man hätte meinen können, sie hätte Angst, denn jedes Mal, wenn ihr einer auf die Hand kletterte, stieß sie kleine aufgeregte Schreie aus. Ich spielte den Angeber und nahm mehrere auf einmal. Als ich sah, wie sie quiekte, bekam auch ich ein bisschen Angst, dabei wusste ich gar nicht, wovor. Viviane kannte so viel mehr als ich, und wenn sie Angst hatte, gab es dafür vielleicht einen Grund.

Sie ließ mich gewinnen, das weiß ich, weil sie es mir sagte. Ich war trotzdem zufrieden. Schließlich stand sie auf, sie musste gehen. Aber dann drehte sie sich noch mal zu mir um.

»Hast du gemerkt?«

»Was?«

»Der Wind hat aufgehört. Ich habe ihm den Befehl gegeben. Er wollte schon mein Kleid zerknittern.«

Ich stieg auf meinen Felsen und sah, wie alles ganz klein wurde, sie, ihr blaues Kleid und ihr blaues Auge, nicht größer als ein Strauch, ein Grashalm, ein Insekt. Und nichts mehr, nur noch der wogende Horizont.

Natürlich wusste ich, dass das ein Spiel war, und trotzdem, es stimmte, der *travèsso* hatte aufgehört.

Geweckt wurde ich von Viviane, sie war ganz aufgeregt. Ich hatte schlecht geschlafen, mir war in der Nacht kalt gewesen, ich hatte den Sternen zugeschaut und bis zum Sonnenaufgang gebibbert.

»Alle suchen nach dir«, sagte sie. »Du musst dich verstecken.«

Sie war gerannt, das war ihren roten Wangen anzusehen, am liebsten hätte ich sie gerieben, um dieses Rot an meinen Fingerspitzen zu haben, so wie wenn man ein Wort an der Tafel auswischt. Ihre Augen taten mir schon weniger weh, vielleicht gewöhnte ich mich ja an die Wut darin, oder sie war heute gar nicht wütend.

Sie sagte, die Polizei hätte bei ihr angerufen. Sie würden nach jemandem suchen, dem Sohn von der Tankstelle, der nachts weggelaufen sei, ob ihn jemand gesehen hätte. Sie hatten mich genau beschrieben, sie wussten sogar von der Shell-Jacke. Offenbar war ich sogar in der Zeitung.

Viviane wollte wissen, ob ich ein Krimineller war, ich fragte sie, was das bedeutete.

»Jemand, der etwas ausgefressen hat.«

Ich sagte ihr, dass ich noch nie etwas ausgefressen hätte, und dann schämte ich mich, weil ich sie angelogen hatte, und eine Königin, das spürte ich, durfte man nicht anlügen. Also gestand ich ihr, dass ich mal die Zapfsäulen geputzt hatte, als meine Eltern nicht da waren, obwohl ich das nicht durfte. Sie sagte, das zähle nicht, damit sei man noch kein Krimineller. Ich erzählte ihr von dem Tag, als ich wegen der Zigarette beinahe die Tankstelle in Brand gesteckt hätte, aber sie entschied, dass das auch nicht zählte, das sei ein Unfall gewesen. Sie fragte mich, ob ich schon mal jemanden umgebracht oder etwas gestohlen hätte, aber nein, ich hatte noch nie jemanden umgebracht, und die Bonbons hatte ich auch nicht richtig gestohlen, weil sie uns schon gehörten.

Sie überlegte, und dann sagte sie, ich dürfe nicht dort bei meinem Felsen bleiben, wir müssten etwas anderes für mich finden, wo ich wohnen könnte, bis man nicht mehr nach mir suchte. Ich war einverstanden, ich schlief ja nicht wirklich gerne draußen. Mein Bett fehlte mir. Seit ich auf die Welt gekommen war, hatte ich immer in demselben geschlafen, glaube ich zumindest, und auch wenn ich ein Stück hinausragte, weil ich gewachsen war, zog es mir den Bauch zusammen, wenn ich nur an mein großes Kopfkissen mit den aufgedruckten Flugzeugen dachte. Ich spürte, wie meine Lippen anfingen zu zittern.

Viviane tat, als würde sie es nicht merken. Sie drehte sich um und kratzte irgendwas in den Felsen, so konnte ich mir mit dem gelben Ärmel über die Augen wischen.

Sie kannte einen Ort, sagte sie, und sie führte mich hin. Es war eine kleine runde Hütte aus grauen Steinen, so eine Schäferhütte, oder von Jägern. Ein abgestorbener großer Brombeerstrauch versperrte den Eingang, aber es gab ein Loch in der hinteren Wand, genau da, wo sie sich krümmte und zum Dach wurde, man musste nur über die eingestürzten Steine steigen und war drin. Da war es nicht so schön wie in meinem Zimmer auf der Tankstelle, aber es gefiel mir trotzdem, weil es mich an ein Raumschiff erinnerte. Von innen sah man nur die krummen Mauern und ein kreisrundes Stück Himmel, es hatte auch etwas von diesen Häusern aus Eis in meinem Lieblingsbuch, das ich immer wieder gelesen hatte, weil da kaum Text war, nur große Bilder.

Viviane zog ein paar Schokoriegel aus ihrer Tasche, einen Apfel, ein Stück Käse. Auf einmal hatte ich ungeheuren Hunger, seit den Erdbeerfrüchten hatte ich nichts mehr gegessen, und ich verschlang alles wie ein Bär. Dann legten wir uns unter den runden Himmel. Ich stellte mir vor, wir wären ganz am Ende eines riesigen Teleskops, und am anderen Ende sah uns vielleicht jemand zu. Fast hätte ich gewinkt, aber ich riss mich zusammen, um nicht lächerlich zu wirken. Viviane bewegte ihre Füße und drehte sich zu mir.

»Was machen wir jetzt?«

Ich zuckte mit den Schultern. Woher sollte ich das wissen, sie war die Königin. Ich gehorchte einfach nur, und das fand ich gut. Wenn ich meiner Königin gehorchte, kam ich mir nicht vor wie ein Kind.

»Wir könnten auf Erkundung gehen, aber das ist zu gefährlich«, sagte sie weiter. »Besser, wir warten noch ein bisschen, falls sie dich holen kommen.«

Nur um etwas zu sagen, fragte ich:

»Und du, wo wohnst du?«

»Ich habe es dir doch gesagt. Du darfst nicht versuchen, das herauszufinden.«

»Der Zauber?«

»Der Zauber.«

Ich erklärte ihr, dass meine Mutter ebenfalls verzaubert war. Das interessierte sie. Sie setzte sich in den Schneidersitz und wollte alles wissen. Wer hatte sie verzaubert? Warum? Aber mehr wusste ich nicht, meine Großmutter hatte nur gesagt, jemand hätte sie verhext, das wäre der Malocchio gewesen, und dabei stellte ich mir jemand richtig Grimmiges vor, mit einem schwarzen Mantel, Clownsschuhen und dicken Brillengläsern, die Augen ganz riesig. Ich wusste nicht, warum er böse auf meine Mutter war, aber es stimmte ja, manchmal konnte sie einem auf die Nerven gehen.

Viviane reichte das nicht, sie fragte weiter. Was machte dieser Zauber mit ihr? Ich sagte, dass er mich gemacht hätte, und sie starrte mich neugierig an, als erwartete sie noch mehr. Ich dachte nach, wollte ihr erklären, was das hieß, so zu sein wie ich, aber mir fehlten die richtigen Worte.

In Malijai hatte Doktor Bardet mich gebeten, im Wartezimmer zu bleiben, während er mit meinen Eltern sprach. Ich tat so, als würde ich mitspielen, nahm eine Zeitschrift und setzte mich hin, die Füße schön flach auf dem Boden. Aber kaum war die Tür zu, ging ich lauschen. Zu Hause hatte ich gelernt, dass man so die interessantesten Sachen hörte, hinter den Türen konnten die Leute besser sprechen.

Doktor Bardet hatte jede Menge komplizierte Wörter benutzt, und weil meine Eltern offenbar auch nichts verstanden, erklärte er ihnen, dass mein Kopf aufgehört hätte zu wachsen.

Da musste ich innerlich lachen, das war nämlich, als würde er gar nicht von mir sprechen. Mein Kopf war ja groß, sehr viel größer als bei den anderen. Klein war nur die Welt, und ich verstand nicht, wie etwas Großes in etwas Kleines reinpassen sollte. Das war wie an dem Tag, als der Lehrer mich gebeten hatte, von der Entdeckung irgendeines Landes zu erzählen. Sofort sah ich weite Prärien voller Indianer, die tapfer kämpften, von allen Seiten wurde geschossen, überall war Staub, waren Schreie, mein Herz schlug wie wild, ich hatte Angst vor den Pferden, vor dem Geheul der Indianer und den Schüssen, hatte Angst zu sterben, ich bekam keine Luft mehr. Also verkroch ich mich unter meinem Pult. An diesem Tag lachte niemand, abgesehen von Victor Macret, meinem Erzfeind, der mich auf dem Gang immer schubste. Dazu muss ich sagen, dass ich Macret mal vor allen eine Ente genannt hatte, die ganze Klasse hatte sich totgelacht. Das hatte ihm gar nicht gefallen.

Die Indianergeschichte war jedenfalls der Grund, weshalb ich nicht mehr in die Schule gehen durfte. Am nächsten Tag bestellte der Direktor meine Eltern zu sich, und da war dann die Rede von einer Sonderschule. So fing ich an, auf der Tankstelle zu arbeiten. Wenn ich jetzt auf dem Plateau war, hatte es damit begonnen.

Das alles wollte ich Viviane erklären, und ich sagte so etwas wie:

»Haaanh.«

Tja, da wollte ich mal was richtig Großes sagen, und am Ende war es wieder ganz klein.

Auf einmal erschien die Sonne in dem runden Stück Himmel, sie kam von der Seite, wo der Schuh links war. Sie blendete uns, und wir schrien, als wären das die Polizisten, die nach mir suchten. Wir durften nicht im Licht bleiben, sonst würde man uns schnappen, also rannten wir im Kreis, blieben im Schatten, dabei musste ich auch noch aufpassen, dass ich Viviane nicht berührte.

Dann war die Sonne wieder weg, und es wurde ein bisschen kühl. Viviane zitterte, sie schaute mich an, und da stritten wir uns zum ersten Mal. Noch heute verstehe ich nicht ganz, warum.

Sie schaute mich wirklich seltsam an, direkt in die Augen, als wartete sie auf etwas. Ich schaute sie auch ganz fest an, denn wenn jemand mich anschaut, mache ich das Gleiche, und schließlich sagte sie:

»Siehst du nicht, dass mir kalt ist?«

Doch, klar, sagte ich, natürlich sah ich das, sie zitterte ja. Offenbar regte sie das noch mehr auf.

»Dann gib mir deine Jacke, Idiot.«

Ich rührte mich kein Stück, nicht weil sie mich Idiot genannt hatte, sondern weil ich ihr nicht meine Jacke geben wollte. Ich hatte Tanks gefüllt, viele Tanks, um die Jacke tragen zu dürfen. Ich war exklusiv mit dieser Jacke, auch wenn das jetzt vielleicht komisch aussah mit den zu kurzen Ärmeln und den zu weiten Schultern.

Sie verstand genau, dass ich schmollte, aber sie verschränkte die Arme vor ihrer Mädchenbrust und hob das Kinn.

»Du hast geschworen, mir zu gehorchen.«

In dem Moment bedauerte ich wirklich, dass ich geschworen hatte. Meine Großmutter hatte mir gesagt, dass Lügner in die Hölle kommen. Sie hatte mir ein Bild gezeigt, in einem ihrer Bücher, und das hatte überhaupt nicht lustig ausgesehen. Ich zog die Jacke also aus, um nicht in die Hölle zu kommen, zusammen mit dem Malocchio, seiner dicken Brille und den Clownsschuhen.

Viviane zog sie an, einfach so, als wäre das bloß irgendeine Jacke. Sie passte ihr überhaupt nicht. Ich weiß selber nicht, wie ich es erklären soll, aber es war schrecklich. Mein Mund verdrehte sich, und ich fing an zu weinen. Ich wollte aufhören, ein Mann weint schließlich nicht, aber je mehr ich es versuchte, desto mehr weinte ich. Ich war noch nie so lange von zu Hause weg gewesen. Meine Eltern fehlten mir, die große Stille auf der Tankstelle, wenn wir aßen, die Stimmen vom Fernseher, das Bakelit des Telefons, der Geruch des Schmieröls, mir fehlten sogar die Sachen, die ich nicht mochte, der Geruch des C oder dieses merkwürdige Gefühl, wenn ich Watte berührte.

Viviane kam zu mir und nahm mich in die Arme. Ich lehnte meinen Kopf an sie und weinte weiter. Sie sagte pst, pst, geht schon wieder vorbei. Nur die Jacke, die hat sie nicht ausgezogen.

Viviane war eben eine echte Königin.

Der Himmel wurde violett, ein Geschmack von Lakritz lag in der Luft, und ich schlürfte ihn mit kleinen Zungenschlägen, so gut war das. Irgendwann gab Viviane mir meine Jacke zurück, und ich fühlte mich besser.

So gerne hätte ich gehabt, dass sie blieb, sie war meine beste Freundin. Allein die Möglichkeit, das sagen zu können, erfüllte mich mit Stolz. Früher, in der Schule, waren alle beste Freunde, alle außer mir. Das war wie eine große Freundschaftskugel, um die ich kreiste, ohne jemals dort hineinzukönnen. Es erinnerte mich an die Ringe des Saturn, davon hatte ich eine Abbildung in einer Tafel Schokolade gefunden, und ich hatte sie mir übers Bett gehängt. Da hing sie übrigens immer noch, nur ein bisschen vergilbt.

Ich fragte Viviane, ob sie mit mir in dem Schafstall wohnen wollte, aber sie sagte, sie müsse wieder ins Schloss, sonst würde die Königinmutter nach ihr suchen. Ich wollte nicht, dass sie ging, und ich bat sie, mir von ihrem Schloss zu erzählen, aber dann schlug ich mir gleich die Hand vor den Mund, weil ich nicht das Recht hatte, solche Fragen zu stellen. Mit ihren weißen, ein wenig gewölbten Zähnen biss sie sich auf die Lippe und seufzte.

»Es ist sehr groß. Wir essen an einem riesigen Tisch, mit tausend Dienern drum rum, und wir dürfen nicht sprechen.«

Das war gar nicht so anders als bei mir zu Hause, abgesehen von den tausend Dienern. Auf der Tankstelle durften wir auch nicht sprechen, wegen der Nachrichten, sonst verpasste man womöglich was.

»Die Diener sind in Pagen verwandelte Schwäne«, sagte sie weiter. »Es gibt tausend Zimmer im Schloss, und jede Nacht wechseln sie ihre Plätze. Das kann ganz schön lange dauern, bis man sein Zimmer gefunden hat, deshalb bin ich morgens manchmal müde.«

Ich hörte mit offenem Mund zu. Ich wusste, dass sie sich das nur ausdachte, aber genau das brachte mich durcheinander, diese Art, wie Viviane etwas erfand, was so echt klang, dass man ihr einfach glauben musste. Mir war ein wenig unwohl bei dem Gedanken an die Zimmer, die sich bewegten, das mochte ich gar nicht.

»Nachts gehen die Kronleuchter von allein an, aber sie haben keine Glühbirnen, sondern Mondsteinsplitter. Und mein Bett ist so groß, dass ich ein Stück laufen muss, um in die Mitte zu kommen. Die Matratze ist aus speziellen Erbsen, die auf der Sonne wachsen.«

Jetzt war ich mir wirklich sicher, dass das alles erfunden war, denn ich hatte noch nie gehört, dass man auf der Sonne Erbsen anbaute. Klar gab es viele Dinge, von denen ich nichts wusste, aber auf der Tankstelle hatten wir einen Gemüsegarten, und da kannte ich mich ein bisschen aus, meine Mutter hätte mir von diesen Sonnenerbsen garantiert erzählt. Ich grummelte, weil mein Verstand in verschiedene Richtungen gezogen wurde, die Zimmer, die sich bewegten, die Erbsen, die es nicht gab, ich musste für einen Moment die Augen schließen.

Viviane stand auf, streckte mir die Hand hin, und ich drückte sie. Ich musste mich zwingen, sie wieder loszulassen. Wir sagten, bis morgen.

Ich sah ihr hinterher, und ich hatte solche Lust, sie zurückzuhalten, dass ich mir ihre Gestalt noch lange, nachdem sie verschwunden war, vorstellte. Dann wurde es dunkel, und ich musste wieder in den Stall rein. Ich fand einen alten Strohhaufen in einer Ecke, breitete das Stroh auf dem Boden aus und legte mich hin, die Hände hinter dem Kopf. Mir wurde klar, dass ich die Sache mit dem Krieg völlig vergessen hatte, meine Medaillen, meine heldenhafte Rückkehr.

Ich schämte mich ein bisschen. Ich wollte nicht als Feigling gelten, wenn ich zurückkam. Aber ich hatte eine Königin, und ich wusste schon jetzt, dass ich für sie alles tun würde, nicht weil ich es geschworen hatte, sondern weil ich Lust hatte. Ein Held zu sein, dachte ich, war vielleicht genau das: Dinge zu tun, zu denen man nicht verpflichtet ist.

Und wenn meinen Eltern das nicht genügte, wenn sie und meine Schwester darauf bestanden, mich fortzuschicken, dann würde ich Viviane holen. Sie würde ihnen sagen, dass sie nicht auf mich verzichten könnte, schließlich war sie Königin, sie sollten also tun, was sie sagte, und basta, keine Widerrede.

Was konnten meine Eltern schon dagegen haben, wo sie nur eine lächerliche Tankstelle hatten, auf der die Zimmer nicht mal ihre Plätze wechselten.

Ich sagte, ich hätte nie Freunde gehabt, aber das war nicht ganz richtig, denn da war Richard gewesen, kurz bevor ich die Schule verlassen musste. Ich hatte schon lange nicht mehr an ihn gedacht, und das gab mir einen Stich.

Richard war mitten im Schuljahr gekommen. Er war ganz schmal, sah von vorn so aus wie von der Seite und hustete andauernd. Es gab nur noch ein freies Pult, das neben meinem, und der Lehrer setzte ihn dorthin. In der Pause war ich immer allein, er auch, und irgendwann sagten wir uns, wenn es schon so ist, können wir auch zusammen allein sein. Wir sagten uns das nicht mit Worten, aber so kam es dann.

Richards Vater hatte irgendeinen hohen Posten in einer Fabrik im Flachland. Sie lebten nicht dort, weil seine Mutter meinte, bei uns hier oben sei die Luft besser. Sie wohnten in einem Haus im Dorf, in einer dieser alten Bruchbuden aus Stein, die niemand mehr wollte. Das war schon komisch, denn eigentlich hätten sie ja genug Geld haben müssen. Richard erklärte mir, dass sie nie lange an einem Ort blieben, sein Vater würde ständig die Fabrik wechseln. Wir sahen sie oft an der Tankstelle, im Gegensatz zu den meisten Bewohnern des Dorfs, die woanders tankten, weil es dort billiger war. Nur wenn sie mal eine Panne hatten, kamen sie heulend zu uns.

Victor Macret hatte Richard sofort gehasst. Aber wenn er ihn schubste oder ihm ein Bein stellte, schien Richard das nicht zu ärgern. Er stand auf, sagte nichts und ging einfach weiter, hustend wie die Lokomotive einer Modelleisenbahn. Ich bewunderte ihn. Wenn ich nämlich was abbekam, war ich dermaßen wütend, dass ich anfing zu zittern, ich kriegte mich nicht mehr ein und musste in den Sanitätsraum gebracht werden, auch wenn ich gar nichts hatte, und da blieb ich dann, bis ich wieder ruhig war. Ich schwöre, wenn ich mutiger gewesen wäre, hätte ich Macret umgebracht, ich hatte mir sogar schon verschiedene Arten ausgedacht, wie ich es machen wollte. In meinen Träumen konnte er mich noch so sehr anflehen, ich tötete ihn trotzdem, und alle klopften mir auf die Schulter und sagten, gut gemacht, den wären wir los.

An die Schule habe ich nicht viele schöne Erinnerungen, aber die schönen verdanke ich Richard. Er sprach mit mir, und er schien mich zu verstehen, selbst wenn ich es nicht schaffte, etwas zu sagen, weil dieses Etwas in meinem Kopf zu viel Raum einnahm und nicht durch den Mund passte. Vor allem mochte ich Richard für das, was nach dem Krippenspiel passiert war, bei dem ich den Esel gespielt hatte.

Wir liefen über den Hof. Macret saß auf einer Bank, und er rief ganz laut, damit alle es hörten:

»Seht mal, da kommen der Iah und der Jude!«

Wir liefen weiter, aber Macret folgte uns und rief iah, iah! Richard drehte sich um. Ich sehe noch genau sein Gesicht vor mir, denn er zeigte überhaupt keine Regung. Er war nicht traurig, war nicht wütend, nichts. Macret sagte so etwas wie: »Hast du ein Problem, du dreckiger ...«, aber er konnte seinen Satz nicht beenden. Richard hatte ihm *die*

Fresse poliert, so sagten es nachher alle. Der Direktor und der Lehrer, der für die Aufsicht zuständig war, mussten ihn festhalten, und Macret blieb am Boden liegen, mit aufgeplatzter Nase und überall Blut.

Als der Direktor ihn fragte, was in ihn gefahren sei, zuckte Richard nur mit den Schultern.

»Keine Ahnung, ich bin nicht mal Jude.«

Ich wusste nicht, was das bedeutete, ein Jude zu sein, aber ob er einer war oder nicht, Richard war etwas Besonderes. Danach wagte Macret nicht mehr, sich uns zu nähern. Selbst mich ließ er in Ruhe, und ich fühlte mich stark. Wenn ich ihm begegnete, setzte ich meinen Killerblick auf, und ich sah genau, wie er die Zähne zusammenbiss, aber er sagte kein Wort. Da hatte ich mich dann auch getraut, Macret vor allen eine Ente zu nennen.

Eines Tages ging Richard fort. Ich habe nie erfahren, ob wegen dieser Geschichte oder weil sein Vater wieder die Fabrik gewechselt hatte. Ich bekam ein paarmal einen Brief, meine Mutter las ihn mir vor, und darin stand, dass er im Internat war. Dann hörte es auf mit den Briefen. Ich wusste nicht, was aus ihm geworden war.

Als Richard weg war, fing es mit Macret wieder an, alles genau wie vorher.

Ich hatte Lust, Richard wiederzusehen und ihm Viviane vorzustellen. Wir hätten alle zusammen auf ihrem Schloss leben können, wo niemand uns sagen würde, was wir zu tun hätten, wo niemand uns fortholen konnte. Sicher hätten die beiden sich gut verstanden.

Mitten in der Nacht wachte ich auf. Der Mond füllte das Loch im Dach aus, er war so groß, dass man kaum noch etwas vom Himmel sah.

Ich war ganz hart, so wie es mir manchmal passierte, dann schaffte ich es nicht mehr zu denken, oder nur noch genau daran zu denken. Meine Hand fuhr hinunter, ich schüttelte mich und sah selbst mit geschlossenen Augen diese Zeitschrift, die ich schon auswendig kannte, und am Ende explodierte ich mit einem Schrei.

Im Grunde war ich froh, dass Viviane nicht geblieben war, denn ich hätte nicht gewollt, dass sie mich so sah. Was mir da manchmal passierte, hatte nichts mit ihr zu tun. Das war ein Teil von mir, der mir nicht mal gehörte, den konnte sie gar nicht von mir kriegen. Viviane konnte alles von mir haben, was immer sie wollte, aber nicht das. Nicht mal der Malocchio hätte es sich holen können, ich weiß nicht, warum, aber da war ich mir sicher.

Für alle Fälle betete ich trotzdem zwei Rosenkränze, bevor ich wieder einschlief.

Der Sommer begann, der Sommer 1965. Ich kannte das Jahr, weil es groß auf dem Kalender in der Werkstatt stand, und diese Zahlen hatte ich so oft gesehen, dass sie in meinem Gehirn wie eintätowiert waren. Mühe hatte ich nur, die Jahre miteinander zu verbinden. Besonders am Anfang eines neuen Jahres war es für mich nicht einfach, erst mussten die Zahlen des alten Jahres vor meinen Augen verblassen.

Es war heiß, ich hatte mein eigenes Haus mit einem Loch im Dach, und niemand sagte mir, was ich zu tun hatte, außer Viviane, aber das wollte ich ja. Ich fühlte mich unverwundbar, und ich dachte, dass es immer so weitergehen würde. Als wir in den nächsten Tagen dann zusammen spielten, konnte ich gar nicht genug kriegen von diesen Spielen, so wie ich mich auch mit den Erdbeerfrüchten vollgestopft hatte, ohne einen Gedanken an die Zukunft, ohne zu wissen, dass Viviane bald für lange Zeit verschwinden sollte, hinter ihr nur ein leerer Baum.

In gewisser Weise war es sogar das letzte Mal, dass wir uns so sahen, denn danach war nichts mehr wie vorher. Und alles wegen mir, das war das Schlimmste. Man kann es drehen und wenden, wie man will, den Zauber habe ich gebrochen und niemand sonst.

Sie kam jedes Mal von derselben Seite, von da, wo die Wellen der Wiesen bis zu den Bergen reichten und verbargen, was es in ihren Tälern gab. Ich setzte mich aufs Dach und wartete, ich hatte Angst, sie könnte nicht kommen, aber dann erschien in der Ferne auf einmal ihre Gestalt und wurde zu ihr, zu Viviane, ich erkannte sie an ihren Haaren und an der Art, wie sie ging, ohne irgendetwas um sie herum zu stören.

Ich musste mich zurückhalten, am liebsten wäre ich sofort losgerannt. Ich stieg wieder runter und wartete in meinem Haus auf sie, dabei tat ich, als wäre es mir egal, so wie früher, wenn ich auf den Weihnachtsmann wartete, bevor dieses Arschloch von Macret mir sagte, dass es ihn nicht gibt. Was wusste der schon davon! Ich brüllte ihn an, zu ihm würde der Weihnachtsmann ja nicht kommen, nur deshalb hätte er ihn nie gesehen, aber meine Eltern sagten mir schließlich die Wahrheit. Ich legte mich in meinem Zimmer aufs Bett und rührte mich drei Tage lang nicht, sie mussten sogar den Doktor Bardet rufen. Weil er nicht da war, kam seine Vertreterin, und während sie mich abhorchte, schaute ich auf ihre Brüste, sofort ging es mir wieder besser. Danach erzählten meine Eltern überall herum, dass die Vertreterin die beste Ärztin in der Gegend sei, sogar besser als Bardet. Das sah ich genauso.

Viviane erschien in dem Loch, sie rümpfte die Nase und sagte:

»Hier drin riecht es nach Mann.«

Einerseits freute es mich natürlich, das zu hören, und ich tat, als würde ich mich strecken, um unauffällig an der Unterseite meiner Arme zu riechen. Wie mein Vater roch das nicht, und der war ein richtiger Mann, aber es war schon mal nicht schlecht. Die Sache war nur, dass ich normalerweise Panik bekam, wenn ich nicht sauber war. Meine Mutter schrubbte mich in der Badewanne immer mit einer Seife ab, die einen schönen Duft von blauem Himmel auf der Haut hinterließ, einmal die Woche. Wir hatten die Seife in einer Werbung gesehen, wo es hieß: geht dem Schmutz an den Kragen und schont die Haut, und das stimmte, denn wir benutzten sie seit Jahren, und ich hatte immer noch dieselbe Haut. Also wurde in der Werbung nicht nur gelogen, wie Cédric Rougier mir hatte weismachen wollen.

Zum ersten Mal, seit ich auf dem Plateau war, bemerkte ich, dass meine Strümpfe schmutzig waren, selbst an den Ärmeln meiner Shell-Jacke waren Flecken. In meinem Kopf begann sich alles zu drehen, und das konnte nur eins bedeuten, nämlich dass ich irgendwann ausgestreckt dalag, um mich herum alles schwarz, bis es wieder vorbei war. Aber Viviane kam herein, sie schlüpfte zwischen den großen Platten meiner Angst hindurch und setzte sich neben mich. Vielleicht ahnte ich schon, was später passieren würde, oder ich spürte, dass ich mich an ihre Anwesenheit klammern musste, und ich berappelte mich wieder. Vielleicht war es aber auch so, dass da, wo Viviane war, einfach nichts Schwarzes sein konnte.

Trotzdem war sie nicht so wie sonst. Sie lächelte nicht, und ohne ihr Lächeln, das ihre Augen zur Ruhe brachte, war sie anders. Sie hatte zwei Sandwichs für mich dabei, und wortlos sah sie zu, wie ich aß. Ich selber schenkte ihr ein Lächeln voller Krümel, aber sie erwiderte es nicht.

»Und dann? Was machst du dann«, fragte sie auf einmal.

Ich kaute weiter, weil ich die Frage nicht verstanden hatte, irgendwas fehlte darin, deshalb tat ich lieber, als hätte ich nichts gehört. Aber Viviane sah natürlich alles, wusste alles, und sie stupste mich an, ein bisschen zu fest, und sagte noch einmal, so als wäre sie wütend:

»Was machst du dann?«

Ich schaute ein wenig hilflos zu ihr, versuchte mir den Rest der Frage auszudenken, all das, was fehlte und was die anderen immer zu verstehen schienen, nur ich nicht. Sie seufzte und sagte, etwas sanfter:

»Was machst du, wenn ich nicht mehr da bin?«

Jetzt fühlte ich mich schon besser, so war alles klar. Und ich antwortete, sie würde immer da sein, da brauchte sie sich keine Sorgen zu machen. Ihre Augen schimpften mit mir.

»Nein, Shell, ich werde nicht immer da sein. Du kannst nicht ganz allein hierbleiben.«

»Doch, kann ich.«

»Das kannst du *jetzt*, weil ich dir Essen bringe, weil Sommer ist. Weißt du, wie es hier im Winter ist?«

Den Winter kannte ich gut, und so sagte ich es ihr. Ja, im Winter war es weiß und grau und schwarz, alles roch schön nach Rauch, es war die Jahreszeit der Lügen, die Jahreszeit, wo die Zapfpistolen einem sagten, dass sie glühten, und einem dabei die Finger zu Eis gefrieren ließen, die Jahreszeit, in der man alles Mögliche zu erledigen versprach und dann nichts tat, weil es einem drinnen besserging. Ich mochte den Winter, aber bis dahin war es noch weit, deshalb fiel es mir schwer, davon zu sprechen.

»Wie alt bist du?«, fragte ich stattdessen.

Sofort wurde sie wieder zu der Viviane, die ich kannte, sie schien es selber gar nicht zu merken.

»Eine Königin fragt man nicht nach ihrem Alter.«

»Schon gut. Aber wie alt bist du?«

Sie machte ein Gesicht, als wollte sie mich erwürgen, das hatte ich bei anderen schon oft gesehen.

»Hörst du mir überhaupt zu? Du. Musst. Wieder. Nach. Hause.«

Ich legte den Rest des Sandwichs auf den Boden, wischte

mir die Finger an der Hose ab und fuhr mit der Zunge über die Zähne. Mir war, als würde ich eine ganze Tonne anheben, das schwerste Wort, das ich je ausgesprochen hatte, denn egal was Viviane von mir verlangte, ich würde es tun, aber nicht das.

»*Nein.*«

»Shell, deine Eltern werden dich vermissen. Hast du schon mal daran gedacht? Deshalb sucht die Polizei nach dir. Nicht um dich zu bestrafen. Sind deine Eltern gemein zu dir?«

Nein, gemein waren sie nicht. Wenn ich eine Tracht Prügel bekam, dann immer aus einem guten Grund, aber sie wollten mich fortschicken, weit weg. Ich erzählte ihr von der Broschüre mit den lächelnden Menschen auf den Gängen und dass es nicht einfach war, mit mir zusammenzuleben, alles in allem war es also besser, wenn ich allein lebte.

»Schon gut«, sagte sie nach einer langen Pause, »du kannst aufhören zu weinen.«

Ich hatte gar nicht gemerkt, dass ich weinte. Das erklärte die kleinen Krater, die sich zwischen meinen Beinen auf dem Boden gebildet hatten und auf die ich neugierig starrte. Ich hatte mich schon gefragt, woher sie kamen.

»Sieh mich an«, sagte sie.

Ich versuchte den Kopf zu heben, aber es ging nicht, so als wären meine Augen mit Stricken am Boden befestigt. Ich schämte mich, dass ich gleich losgeflennt hatte, auf der Tankstelle war das immer allen auf die Nerven gegangen, außer meiner Schwester, die weinte immer sofort mit, wenn sie mal da war. Am Anfang hatte man mir irgendwelche Kapseln gegeben, ich verstand gar nicht, wie die funktionieren sollten, die waren nämlich ganz klein, und ich hatte viele Tränen, sehr viel mehr, als in eine Kapsel passten. Aber sie halfen sowieso nicht, und schließlich hörten wir auf damit, weil sie auch noch teuer waren. Als ich größer wurde, weinte ich immerhin etwas weniger.

»Würde es dich glücklich machen, wenn ich dir mein Alter verrate?«, fragte Viviane ganz lieb.

Ich nickte und schniefte.

»Dreizehn. Fast.«

Ich nickte noch einmal, aber die Krater wurden immer mehr.

»Was willst du noch wissen? Ich habe einen Halbbruder.«

Ich fragte sie, welche Hälfte sie bekommen hätte, aber sie starrte mich nur an und runzelte heftig die Stirn. Das passierte mir andauernd. Bloß weil ich nicht ganz so war wie die anderen, konnten die Leute sich nicht vorstellen, dass ich auch lustig sein und Scherze machen konnte. Die Folge war, dass ich keine mehr machte. Richard hatte mir erklärt, dass ich nicht den richtigen Moment abpasste. Er hatte versucht, es mir beizubringen, aber bevor er es geschafft hatte, war er schon nicht mehr da.

Viviane prustete los, ich lachte auch (weinte aber gleichzeitig weiter), und schon fühlte ich mich besser, denn das war wie diese großen Sommergewitter, die den Staub auf den Autos wegspülen, ich sprang immer gleich raus und ließ mich vom Regen waschen, bis meine Mutter rief, ich soll reinkommen, ich würde mir noch den Tod holen. Vivianes Lachen wusch mich auch, und danach war zwischen uns nur noch saubere und klare Luft.

Auf einmal sagte sie:

»Willst du, dass ich dir dein Geburtstagsgeschenk gebe?«

Ich hätte fast einen Luftsprung gemacht.

»Ist heute mein Geburtstag?«

Viviane fing wieder an zu lachen.

»Weiß ich nicht. Wann hast du denn Geburtstag?«

»Am sechsundzwanzigsten August«, sagte ich auswendig auf.

»Dann nicht.«

Ich war ein bisschen enttäuscht.

»Ist es noch lange bis dahin?«

»Etwas länger als zwei Monate«, antwortete sie und musste nicht mal zählen.

Es waren nicht die wichtigen Tage, die mir auf dem Plateau fehlten: der Tag, an dem im Fernsehen Zorro kam (daran war der Donnerstag zu erkennen), Weihnachten, der Badetag, Allerheiligen. Warum dieser Tag wichtig war, wusste ich nicht, aber meine Großmutter zog sich dann noch etwas schwärzer an als sonst und war den ganzen Tag traurig. Der größte Tag überhaupt aber, der König der wichtigen Tage, war der 26. August, mein Geburtstag. Die Zeit zwischen jedem 26. August verbrachte ich damit, mich auf den nächsten vorzubereiten, vor allem seit meine Mutter sich darauf eingelassen hatte, eine Kerze für jedes Jahr auf den Kuchen zu stecken, bis es irgendwann so viele waren, dass es schön aussah. Wenn ich sie ausblies, kniff ich die Augen zusammen, dann konnte man meinen, es wären doppelt so viele und ich wäre doppelt so alt. Am Ende blies immer mein Vater für mich und sagte, wir sollten ihn essen, den blöden Kuchen, die Kerzen würden sonst schmelzen.

Dabei gab es nichts Schöneres als den Geschmack von Schokolade mit geschmolzener Kerze, genau so schmeckte Geburtstag. Sonst wäre es ja auch nur normale Schokolade gewesen, und die konnte man das ganze Jahr haben. Mein Vater hatte das nie verstanden. An einem 26. August hatte ich mal versucht, es ihm zu erklären, als wir gerade in der Werkstatt arbeiteten. Er sagte mir, ich solle aufhören, dumm rumzuquatschen, und ihm lieber einen Zwölfer-Steckschlüssel geben. Ich gab ihm einen Achter.

Ich schaute auf, schloss die Augen und zählte, »zwei Monate, zwei Monate«, ganz leise, und dabei versuchte ich zu erraten, ob das lange war oder kurz. Viviane griff liebevoll nach meinem Kinn.

»Wir müssen nicht bis zu deinem Geburtstag warten. Ich kann dir dein Geschenk jetzt gleich geben. Möchtest du?«

»Ja.«

»Ja, *Majestät*.«

»Ja, Majestät.«

»Dann komm.«

Sie kletterte über die Steine, ich folgte ihr, aber als sie schon fast draußen war, nahm ich ihre Hand, um sie zurückzuhalten. Oder besser gesagt, ich hätte sie beinahe genommen, denn im letzten Moment fiel mir ein, dass ich Viviane nicht anfassen durfte. Sie zuckte trotzdem zusammen, allein bei meiner Bewegung, aber sie machte nicht wieder ihr Fuchsgesicht wie damals, als ich ihr Angst eingejagt hatte. Ich fragte sie:

»Versprichst du, dass du niemals weggehst?«

»Versprichst du, dass du nie wieder weinst?«

»Das verspreche ich.«

Sie dachte nach, und ich lächelte, weil ihre Augen noch vor ihren Lippen Ja gesagt hatten.

»Dann verspreche ich es auch.«

Nach diesem Tag habe ich nie wieder geweint. Keine Ahnung, wie ich das geschafft habe, aber mein Versprechen habe ich gehalten.

Nur Viviane hat gelogen.

Trotzdem hat sie mir mein schönstes Geburtstagsgeschenk gemacht.

Wir liefen los und stiegen über einen kleinen Hügel. Ich fragte Viviane, wohin wir gingen, aber sie antwortete nur, das würde ich schon sehen. Als der Schafstall mit dem Loch im Dach verschwunden war, sagte Viviane, ich solle mir die Augen zuhalten.

»Nicht schummeln, das ist ein Befehl.«

Schummeln, das wäre mir nie in den Sinn gekommen, wieso verstand sie das nicht. Ich drückte mir die Handflächen auf die geschlossenen Augen, spürte Vivianes Hände an der Taille, zwei kräftige Schmetterlinge, die mich drehten wie einen Kreisel. Dann durfte ich meine Hände wieder runternehmen, aber um mich herum drehte sich immer noch alles, überall sauste das Plateau an mir vorbei, und ich wusste nicht mehr, wo ich war.

Danach liefen wir weiter. Viviane schien genau zu wissen, wohin sie ging, das beruhigte mich. Angeblich gab es Wölfe in den Bergen, ich wollte nicht, dass wir uns verirrten und aufgefressen wurden. Es wurde schon heiß, und ich hörte die Erde, wie sie knirschte und sich öffnete, um nach dem Regen zu rufen, der nicht kam. Der Sommer hatte gerade erst begonnen, sie würde lange rufen müssen.

Während wir liefen, fragte Viviane mich, warum ich mir in den Kopf gesetzt hätte, in den Krieg zu ziehen, und ich erzählte ihr alles von Anfang an, ohne etwas auszulassen. Sie erklärte mir, dass der Krieg erst mal weit weg sei, sehr viel weiter, als ich glaubte, so was von weit weg, dass man nicht zu Fuß dort hinkomme. Und wenn ich starb, was hatte ich davon? Meine Eltern würden nur weinen. Ich lachte und sagte, ich wäre nicht losgezogen, um zu sterben, sondern um Feinde zu töten.

Viviane blieb stehen und drehte sich zu mir um. Die Strähne klebte ihr auf der Stirn, weil sie so schwitzte, im Nacken waren ihre kurzen Haare dunkler geworden.

»Und deine Feinde haben keine Eltern?«, sagte sie.

Dann ging sie weiter, ich folgte ihr und fragte mich, was sie damit hatte sagen wollen. In den Krieg würde ich sowieso nicht mehr ziehen. Wir würden zusammenbleiben, Viviane und ich, auf dem Plateau. Vielleicht würde ich sie davon überzeugen können, bei mir zu wohnen, ich hatte schon ein paar Ideen, wie man den Schafstall aufteilen konnte, damit sie ihr eigenes Zimmer hatte und ich meins. Wir würden uns nie mehr verlassen, und wenn dann eines Tages jemand unsere Skelette fand, direkt nebeneinander, würde er denken, »die zwei, das waren *echte* Freunde«.

In meinem Kopf lachte eine Stimme, eine spöttische Stimme am Ende eines Gangs, so wie damals, als ich die Idee gehabt hatte, die Handbremse des Abschleppwagens zu lösen, nur um zu sehen, ob ich stark genug war, ihn mit den Händen an der Stoßstange festzuhalten. Das war die Stimme der großen Katastrophen. Aber es war nicht meine Schuld gewesen, dass ich den Abschleppwagen nicht hatte halten können.

»Meine Sohlen sind ausgerutscht!«, schrie ich.

Viviane schaute mich an, diesmal war es dieselbe seltsame Miene, die die Leute mir gegenüber oft aufsetzten. Meine

Wangen glühten, und um das Gespräch in eine andere Richtung zu lenken, fragte ich sie, ob sie spielen wollte.

»Was spielen?«

»Raten, wer ich bin.«

»Gebongt.«

Ich nahm eine eindeutige Pose ein, so eindeutig, dass sie es sofort herausfinden musste, aber sie runzelte nur die Stirn und schüttelte den Kopf. Ich hielt mir einen Finger unter die Nase, um mir einen Schnurrbart zu machen, zog Striche in die Luft, mit immer verzweifelteren Bewegungen, aber auch damit brachte ich sie nur zum Lachen. Ich wurde schon ganz nervös.

»Don Diego de la Vega!«, platzte ich heraus.

Und dann strich ich mir die Haare nach hinten, damit sie genau sah, wie sehr ich ihm ähnelte, auch wenn das mit nassen Haaren noch viel besser aussah.

Sie schaute mich verdutzt an.

»Wer?«

Jetzt war ich selber verdutzt, schließlich wusste Viviane so viele Sachen, aber dass sie nicht wusste, wer Don Diego de la Vega war, das war wirklich ein Ding. Okay, Sergeant Garcia wusste es auch nicht, aber der war auch nicht sehr schlau.

»Don Diego de la Vega! Zorro!«

Ich zeichnete für sie noch mal ein Z mit meinem unsichtbaren Degen, und sie machte mit dem Mund ein großes stilles »Aaaaah«. Kein Wunder, wie hätte sie das erraten sollen, sagte sie, das sei ja gar kein Z, was ich da machte, sondern so etwas wie eine 8 oder bestenfalls ein S. Und während sie schon wieder losging, nahm sie mein Handgelenk und brachte mir bei, ein schöneres Z zu malen.

Auf diese Weise legten wir den Weg zurück, und ich merkte gar nicht, dass wir angekommen waren, als sie sagte:

»Wir sind da.«

Das mochte ja sein, die Frage war nur, wo. Ich sah nichts Außergewöhnliches, das Plateau war überall wie sonst auch, mit seinen Bergen und dem Himmel obendrüber. Als Geburtstagsgeschenk hatte ich schon Besseres gesehen. Aber ich wollte nicht meckern, schließlich war es nicht mal mein richtiger Geburtstag.

Viviane wusste bestimmt, was sie machte, denn auf ihrem Gesicht lag ein kleines Schmunzeln. Sie bat mich, zu den Bergen zu schauen und bis hundert zu zählen. Ich fing an, verhedderte mich, fügte zwischen den Zahlen Buchstaben hinzu, Fetzen eines Gedichts, an das ich mich erinnerte, ein Kinderlied, das meine Mutter mir vorgesungen hatte, und als ich dachte, es käme ungefähr auf hundert raus, drehte ich mich um.

Viviane war verschwunden. Ich schwöre es. Da war nur noch das kurze Gras, zwei Felsen auch, aber zu flach, um sich zu verstecken. Jetzt bekam ich wirklich Angst.

Auf einmal hörte ich ihr Lachen aus der Erde aufsteigen wie den Tau. Ich ging zu den Felsen, ging um sie herum, nichts. Dann noch einmal, und erst beim zweiten Mal bemerkte ich die Öffnung im Gras, unter dem größeren der beiden Felsen. Das Loch war so klein, dass ich mich fragte, wie Viviane dort hineinkriechen konnte.

»Komm rein«, hörte ich ihre Stimme. »Du passt durch.«

Ich kniete mich hin. Das Gras ließ die Öffnung enger erscheinen, als sie in Wirklichkeit war, aber besonders groß war sie trotzdem nicht. Viviane schaute mich von der anderen Seite aus an, sie hatte ein bisschen Erde auf der Backe und darunter ein breites Lächeln. Noch nie hatte ich sie so glücklich gesehen.

Ich kroch in das Loch, schürfte mir ein wenig den Rücken auf, aber ich passte durch. Viviane nahm meine Hand, sie selber hatte mich angefasst, nicht ich sie, also war es erlaubt. Warum sie meine Hand nahm, begriff ich, als auf einmal alles stockdunkel war. Ihre Stimme sagte:

»Ich kenne den Weg auswendig. Geh mit der rechten Schulter immer an der Wand entlang.«

Da hätte ich beinahe Panik bekommen. In der Dunkelheit konnte ich meine Sohlen nicht sehen, woher sollte ich wissen, welche Seite die richtige war. Ich ging wohl nach links statt nach rechts, denn mit einem Ruck zog Viviane mich zurück. Unter unseren Füßen ging es abwärts.

»Du hast doch nicht Klaustrophobie?«, fragte sie.

»Ich weiß nicht, was das heißt.«

»Das heißt, dass du keine hast.«

So gingen wir ein Stück, inmitten großer schwarzer Echos, dann wurde es flach, und die Wand war nicht mehr da. Mein Schienbein stieß gegen etwas Hartes, ich fluchte und hüpfte auf der Stelle, Viviane sagte nur: »Oh, tschuldige«, dann blieb sie stehen. Sie sagte, ich solle mich hinsetzen, und ich hörte, wie sie im Dunkeln stöberte, als würde sie nach etwas suchen.

»Bist du bereit?«

Ich nickte, vor Aufregung konnte ich kaum atmen, so ein Geschenk hatte ich noch nie bekommen, ein Geschenk, bei dem man kriechen musste, durch die Dunkelheit tapsen, Angst haben, sich wehtun.

»Bist du bereit?«, fragte sie noch einmal.

Da fiel mir ein, dass sie mich ja nicht sehen konnte.

»Ja.«

Ein Streichholz knisterte, die Flamme schmiegte sich an eine Öllampe, wie man sie früher hatte, mit einem Gitter vor dem Glas. Die Flamme wurde größer und größer und zeichnete Wände um uns herum.

Viviane lächelte, wie um mir zu sagen, ich solle warten. Zuerst dachte ich, das Geschenk wäre die Lampe, und war enttäuscht, ich hatte nämlich eine bessere auf der Tankstelle, eine elektrische, mit Wonder-Batterien. Aber dann schaute ich mir die Wände an. Das waren nicht bloß Wände, das war ein riesiges Abenteuerbuch. Da gab es Tiere, Menschen mit Lanzen, Abdrücke von Händen, die größer waren als meine. Und alles tanzte und hüpfte im Schein der Flamme, als wären es Buchseiten, die sich von allein umblätterten, und überall waren Bilder von riesengroßen Kindern aus einer anderen Zeit. So etwas hatte ich in meinem ganzen Leben noch nicht gesehen.

»Herzlichen Glückwunsch zum Geburtstag.«

Wenn ich gerührt bin, fällt mir das Sprechen schwer, also brummte ich. Ich wollte trotzdem noch etwas sagen, nur kam es nicht richtig heraus, aber Viviane verstand mich, darin war sie wirklich gut.

»Hierher sind die Menschen vor langer Zeit gekommen. Das ist sehr, sehr, sehr alt. Davon darfst du niemandem etwas erzählen, hast du verstanden?«

Ich hob die Hand, um zu schwören, aber sie hielt mich zurück.

»Du musst nicht mehr schwören. Wir können uns jetzt vertrauen.«

Zum Glück wollte sie, dass ich schwieg, denn das alles war so unglaublich schön, dass ich am liebsten der ganzen Welt davon erzählt hätte.

»Ich habe die Höhle zufällig gefunden«, sagte sie. »Es gibt noch mehr solche Höhlen, woanders, aber sobald die Leute eine entdecken, machen sie Treppen rein, Licht, die Touristen kommen, und die Höhle stirbt.«

Ich musste an die kleine Kirche in dem Weiler Les Vries denken, wo niemand mehr hinging, seit man den Fluss über die Brücke weiter unten überqueren konnte, diese kleine Kirche mit der offenen Tür und den zerbrochenen Fenstern, für mich war das ein toter Ort. Ich sagte es Viviane, sie nickte.

»Das hier war früher vielleicht auch mal eine Art Kirche. Glaube ich zumindest. Ich komme her, um Danke zu sagen, um Vergebung zu bitten oder darum, dass man mich vor meinen Feinden beschützt.«

Ich stand auf, wollte meine Finger in den Abdruck einer Hand legen und sie mit meiner vergleichen, aber Viviane hielt mich zurück. Wegen der Pilze oder der Mikroben, meinte sie, sie hatte irgendwo gelesen, dass das die Malereien kaputt machen konnte. Ich war ein bisschen gekränkt, weil ich keine Mikroben hatte und noch viel weniger Pilze, allein bei dem Gedanken ekelte ich mich. Ich war zwar ein wenig schmutzig, seit ich von zu Hause fortgegangen war, aber eigentlich war ich sehr reinlich.

Als ich mich wieder hingesetzt hatte, schloss Viviane die Augen. Sie war so schön, dass ich Lust hatte, in ihre Haut zu schlüpfen und zu ihr zu werden, um zu erfahren, wie das war. Aber wenn ich in ihrer Haut steckte, fiel mir ein, konnte ich sie ja nicht mehr sehen, außer in einem Spiegel, vielleicht wäre es also besser, wenn sie in meine Haut schlüpfte. Dann würde ich sie zwar auch nicht sehen, aber zumindest konnte ich sie überallhin mitnehmen.

Ihre Lippen bewegten sich, und ich fragte, was sie da machte. Sie betete. Ich wollte, dass sie es mir zeigte. Natürlich kannte ich Beten aus der Kirche – *Vater unser, mach, dass Macret unter schrecklichen Qualen stirbt* –, aber das hier war anders.

»Zuerst«, erklärte sie, »sagst du Danke für etwas Schönes.«

Einfach. Ich schloss die Augen, bewegte die Lippen und bedankte mich für Viviane.

»Dann bittest du um Vergebung für etwas, was du getan hast.«

Wieder bewegte ich die Lippen, aber diesmal tat ich nur so, denn ich konnte noch so lange in meinem Kopf kramen, ich hatte nichts getan. Zumindest nicht in letzter Zeit.

»Am Ende bittest du um Schutz vor deinen Feinden.«

Ich schaute sie neugierig an, sie spürte es, und dann sagte sie: »Wie bitte?«, und ich antwortete, sie könne gar keine Feinde haben, nicht sie. Ihre Miene wurde sehr ernst.

»Klar, und ob. Eine Königin hat immer Feinde.«

»Und wer ist dein schlimmster Feind?«

»Ein Drache.«

Ich wollte, dass sie ihn mir beschrieb. Spuckte er Feuer?

»Feuer nicht, nein. Er spuckt eine Wolke aus Eis, die seine Opfer lähmt. Er ist riesig, schwarz, mit Schuppen und großen Flügeln aus Styropor. Aber das Gefährlichste an ihm ist, dass er jede Gestalt annehmen kann, sogar die Gestalt eines Menschen, und dass du nie weißt, ob er da ist, erst ganz zum Schluss.«

Ich versprach ihr, sie zu beschützen, und sie lächelte, vielleicht um mir zu danken, oder weil sie genau wie ich wusste, dass ich gegen ihren Drachen nicht ankam, schon gar nicht jetzt, wo ich Papas Gewehr verloren hatte.

»Und du, Shell, hast du Feinde?«

Ich überlegte, und dann sagte ich ihr, dass ich jede Menge hätte, aber als sie mich fragte, wer denn, fielen mir nur zwei ein. Zuerst war da der Malocchio, nur wusste ich nicht, ob ich den wirklich als Feind mitzählen konnte, er hatte es ja nicht auf mich persönlich abgesehen, er war böse zu allen. Egal, mit ihrem Drachen war es das Gleiche, Viviane und ich einigten uns darauf, den Malocchio auf der Liste zu lassen. Und dann war da natürlich Macret. Ich hatte ihn nicht wiedergesehen, seit ich die Schule verlassen musste, aber ich rechnete immer damit, dass er auftauchte, um mir irgendwas Fieses anzutun.

Viviane hob die Arme und sagte mit klarer Stimme:

»Mögen die Geister uns vor dem Drachen beschützen, vor dem Malocchio und vor Macret.«

Ihre Stimme hallte in der Stille wider, und vielleicht hörten uns die Geister in dem Moment ja tatsächlich.

Als wir wieder herauskamen, berührte die Sonne schon das Plateau. Ich hatte den schönsten Geburtstag meines Lebens verbracht, und da es nicht mal mein Geburtstag war, war es umso schöner. Nur musste Viviane mich, sagte sie, sofort zurückbringen, am Abend gab es nämlich im Schloss ein Festmahl, und sie musste sich umziehen gehen.

Wir entfernten uns von den beiden Felsen, und nach ein paar Minuten waren sie verschwunden, als hätte es sie nie gegeben. Viviane forderte mich auf, die Hände vor die Augen zu halten, und dann drehte sie mich wieder. Es funktionierte genauso wie beim ersten Mal, sogar noch besser, weil ich auf die Nase fiel, als ich einen Schritt machen wollte, so sehr drehte sich alles. Viviane bog sich vor Lachen.

Als wir zum Schafstall kamen, drückte sie mir wieder auf diese komische Art die Hand und flitzte los. Ich bekam langsam schon Hunger, vor allem nach der Geschichte mit dem Festmahl, aber gesagt hatte ich nichts. Um nicht weiter daran denken zu müssen, ging ich im Stall auf und ab und stellte mir verschiedene Möglichkeiten vor, den Raum zu teilen, hier die Schlafzimmer, da ein Wohnzimmer, wo wir den Fernseher aufstellen würden, und dort, warum nicht, ein Glasdach, um die Sterne zu beobachten. Ja, das war wirklich eine gute Idee, ein Glasdach, dachte ich, als ich mich schlafen legte. Ich musste Viviane davon erzählen.

Ich weiß nicht, wieso, aber an diesem Abend habe ich vor dem Einschlafen nicht dreimal mit den Augen gezwinkert.

Ich begann abzunehmen, auch wenn ich nie besonders dick war. Dazu muss ich sagen, dass auf der Tankstelle meine Mutter immer gekocht hatte und dass ich so viele Bonbons stibitzen konnte, wie ich wollte. Und jetzt schlackerte mir die Hose um die Beine, also, noch mehr als sonst. Selbst Viviane fiel es irgendwann auf, und sie brachte mir mehr Sandwichs mit. Ich fragte sie, ob sie Linsen möge, und noch bevor sie antworten konnte, sagte ich: »Ich ja«, aber ich glaube nicht, dass sie die Botschaft verstanden hatte, denn sie brachte mir weiter Sandwichs.

Wenn wir zur Höhle gingen, musste ich mich jedes Mal erst mit geschlossenen Augen wie ein Kreisel drehen, so dass ich den Weg nie erfuhr. Viviane erklärte mir, dass die Bilder nicht von riesigen Kindern stammten, sondern von Menschen wie wir, nur ein bisschen behaarter vielleicht.

Während wir vor den Wandmalereien saßen, dachten wir uns Geschichten aus. Bei diesem Spiel ging es darum, etwas zu erzählen, und sobald einer zögerte, machte der andere weiter. Sieger war, wer am längsten ohne anzuhalten gesprochen hatte. Viviane gewann jedes Mal, ich war beeindruckt. Mir etwas auszudenken war nie ein Problem gewesen, ich tat ja nichts anderes, aber es gleichzeitig auch noch *auszusprechen*, das war schon klasse.

Einmal kam sie in einer blauen Strickjacke. Die stand ihr gut, fand ich. Aber es war heiß, und als ich wissen wollte, wieso sie die nicht auszog, brüllte sie mich an, was mir einfiele, mich in ihre Sachen einzumischen, und dann schmollte sie den ganzen Nachmittag mit mir. Das war ich mittlerweile schon gewohnt, es war wie bei meiner Mutter, wenn sie ihre Zustände kriegte, nur dass es bei Viviane schlimmer war, denn sie war ja auch noch Königin.

Wenn wir nicht in der Höhle waren, spielten wir das Marienkäferspiel, oder wir blieben im Schafstall liegen und wünschten uns etwas. Viviane sagte, wenn weniger als eine Minute nach einem Wunsch ein Vogel über das Loch im Dach fliegen würde, würde er in Erfüllung gehen. Ich erzählte ihr von dem Glasdach und erklärte, dass wir dann sehr viel mehr Vögel sehen würden, und alle unsere Wünsche würden in Erfüllung gehen. Sie sagte, so würde das nicht funktionieren, je kleiner die Stelle wäre, durch die man die Vögel sehen könnte, umso mehr könnten wir uns etwas Großes wünschen. Das kam mir nicht besonders logisch vor.

Ich traute mich nicht, das Zusammenwohnen noch einmal anzusprechen, ich hatte beschlossen, dass es besser wäre, wenn sie selber die Idee hätte. Ich machte nur ab und zu eine Andeutung, fragte sie zum Beispiel, welches Tapetenmuster ihr am besten gefiel, mit Tieren oder mit Blumen, und ging gleich zu etwas anderem über. Aber es eilte ja auch nicht. Als ich wissen wollte, seit wann wir uns schon kannten, zuckte sie mit den Achseln.

»Weiß ich nicht. Zwei Wochen vielleicht.«

Das mochte ich so an Viviane, die Zeit war ihr auch egal.

Mittlerweile war ich wieder genauso schick und sauber wie auf der Tankstelle. Ich hatte eine Tränke gefunden, nicht weit vom Stall entfernt, und Viviane hatte mir ein Stück

Seife gebracht, damit konnte ich mich waschen und meine Sachen auch. Ich wrang sie immer ganz fest aus, dabei kam es dann zur Katastrophe. Eines Morgens, als ich meine Shell-Jacke gerade auswrang, hörte ich ein lautes Krrrk, ein Ärmel war oben an der Schulter ein Stück abgerissen, da, wo innen das Etikett mit dem *Made in Taiwan* war. Viviane versprach, mir etwas zu holen, um es wieder anzunähen, aber das hat sie nie getan. Jedes Mal, wenn ich die Jacke anzog, sah ich aus den Augenwinkeln dieses Loch, es folgte mir überallhin, und das störte mich, also zog ich sie nur noch zum Schlafen an.

In der heißen Sonne waren die Sachen im Nu trocken. Ich legte mich nackt ins Gras und wartete. Ich hatte mir eine stille Ecke gesucht, hinter einem kleinen Hügel, wo niemand mich sehen konnte, das störte mich nämlich, wenn jemand mich splitternackt sah, abgesehen von meiner Mutter, aber bei der war das ja normal. Selbst wenn wir zum Arzt gingen und ich dem Doktor meinen Pipi zeigen musste, mochte ich das nicht, Doktor hin oder her.

Wenn Viviane kam, roch ich schön nach Seife und war bereit, alles zu tun, was sie wollte. Fast jeden Tag erfand sie ein neues Spiel. Vorher hatte ich nie mit jemandem gespielt, und als ich ihr das sagte, wollte sie mir nicht glauben. Aber dann erzählte ich ihr, dass ich keinen Bruder hatte, dass meine Schwester schon alt war und dass früher in der Schule niemand mit mir geredet hatte, mit wem sollte ich also spielen? Da war Richard gewesen, klar, aber der mochte vor allem Dame und Schach. Er hatte es nie geschafft, mir die Regeln beizubringen, weil ich keine Figur bewegen konnte, ohne zu wissen, woher sie kam, warum sie dort war und was sie erwartete, wenn sie auf ein anderes Feld ging. Richard meinte, ich sollte aufhören, mich mit den Figuren zu identifizieren, das wären nur Figuren, meine Güte. Aber ich konnte nichts dafür, ich *identifizierte* mich nun mal, und das Lustigste war, dass ich gar nicht wusste, was das hieß.

Einmal wachte ich morgens sehr früh auf, die Sonne schien mir in die Augen. Ich musste an meine Eltern denken, einfach so, und das machte mich traurig. Aber sie fehlten mir ja auch, so sehr, dass mir ganz schwindlig wurde. Ich roch den Duft des Toasters, der selbst auf Stufe 1 jedes Brot verbrannte, hörte das Gurgeln des Benzins im Tank unter dem Haus, wenn er fast leer war und wir auf den Tankwagen warteten. Dachte an den Tag, an dem ich Zichorienkaffee trinken durfte, das hieß nämlich, dass ich kein Kind mehr war. Danach hatte ich ihn jeden Tag getrunken, ohne irgendwem zu sagen, dass ich ihn nicht mochte.

Fast hätte ich geweint, aber dann erinnerte ich mich, was ich Viviane versprochen hatte. Ich zog mich an, und als ich Schritte hörte, trat ich fröhlich ans Fenster, sie kam wirklich früh an diesem Morgen.

Draußen standen Gendarmen.

Sie waren zu dritt und schauten durch den abgestorbenen Brombeerstrauch auf die Tür. Mich hatten sie noch nicht entdeckt. Ich sprang sofort zurück, mir blieb gerade noch Zeit, über den Steinhaufen durchs Loch hinauszuklettern, während sie den Strauch niedertrampelten, um reinzukommen. Ich rannte über die Wiesen hinterm Stall, flitzte mit Karacho zu meiner Tränke. Ich kauerte mich dahinter, atmete wie wild, ich brauchte eine Weile, bis ich wieder zurückschauen konnte. Ich war weit weg, aber durch ein Fenster sah ich ihre Umrisse. Ich dachte nach, ich hatte nichts im Stall gelassen, meine Jacke hatte ich an, weil ich gerade erst aufgewacht war. Sie würden vielleicht das Stroh sehen, auf dem ich schlief, aber dort drinnen war alles halb eingestürzt, man musste wirklich ein gutes Auge haben.

Als ich wieder etwas ruhiger atmen konnte, rannte ich zu dem kleinen Hügel, wo ich morgens immer darauf wartete, dass meine Sachen trockneten. Die Sonne hatte ihn noch nicht erreicht, alles sah dort jetzt irgendwie anders aus, und ich bekam Angst. Aber das war vielleicht nur, weil die Polizei mein Haus durchsuchte, das erste Haus, das mir allein gehörte. Ich legte mich ganz oben ins Gras, auf den Bauch wie ein Indianer, und spähte nach den Gendarmen, sie waren noch nicht wieder gegangen. Dann ließ ich mich auf der anderen Seite hinunterrollen und lehnte mich an den Hang, hier konnte mich niemand sehen. Ich hoffte, dass Viviane nicht gerade jetzt auftauchte, sie war ja ein

Mädchen, und mein Vater sagte immer, Mädchen plappern.

Aber Viviane kam nie so früh, sie ließ mir Zeit, damit ich mich fertigmachen und meine Sachen waschen konnte. Außerdem war sie keine von denen, die plappern. Eher wäre sie gestorben, als mich zu verraten. Wenn es aber so weit käme, dass die Polizei sie folterte, um sie zum Sprechen zu bringen, würde ich mit den Händen in den Taschen zu ihnen hingehen, würde sagen: »Lassen Sie sie gehen, sie hat nichts getan, das ist eine Sache zwischen Ihnen und mir.« Und zu Viviane würde ich sagen: »Jetzt geh schon«, sie würde sich ein letztes Mal umdrehen, mit Tränen in den Augen, und ich würde ihr zulächeln und mit dem Kopf ein kleines Zeichen geben, das bedeutete, alles wird gut, selbst wenn wir beide wussten, dass das nicht stimmte. Und dann würde ich meinen Mantel und meine Maske ablegen und den Polizisten sagen: »Sie suchen nach mir, ich bin Don Diego de la Vega«, und sie würden ihren Augen nicht trauen.

Als ich aufwachte, war ich völlig verschwitzt. Zuerst dachte ich, die Sache mit den Gendarmen hätte ich nur geträumt, aber ich war ja tatsächlich draußen, lag im Gras, und die Sonne knallte auf mich drauf. Ich kroch wieder auf die kleine Anhöhe, die Polizisten waren weg. Das war mir früher schon passiert, dass ich einfach einschlief, wenn mich etwas zu sehr aufwühlte, aber es war lange nicht mehr vorgekommen. Ich fühlte mich ein wenig besser, das Gras war schön warm, alles war wie vorher.

Ich lächelte und tat genau das, was ich nicht hätte tun dürfen: Ich schlief wieder ein.

Ein schwarzer Drache stürmte auf mich los, und mit einem Schrei wachte ich auf. Mir war eiskalt, aber meine Wangen glühten. Es war finstere Nacht, schwarz wie in einem Schornstein. Das Gras war feucht, das hieß, es war schon spät. Ich hatte den ganzen Tag in der prallen Sonne geschlafen, ich musste einen Sonnenstich bekommen haben.

Auf allen vieren kroch ich zurück zur Tränke. Eine leise Erwachsenenstimme sagte mir, dass ich in kleinen Schlucken trinken sollte, ganz langsam, aber so wie ich nun mal war, tat ich das Gegenteil, ich ließ das Gebirge direkt in meine Kehle fließen und schluckte so viel Wasser, wie ich konnte. Es schmeckte gut, nach Stein und eiskaltem Metall. Fast auf der Stelle wurde ich krank.

Ich kam wieder zu Atem, saß an den Schiefer gelehnt, und als ich endlich aufstehen konnte, ging ich zurück zum Schafstall. Man konnte jetzt durch die Tür hinein, aber ich zog den Brombeerstrauch wieder zurecht und nahm wie immer mein Loch oben auf dem Steinhaufen, das schien mir wichtig zu sein. So ein schönes Haus hatte das verdient, man durfte nicht einfach reinplatzen. Ich lehnte mich an die Wand, weil alles schwankte, und legte mich schlafen. Ich wusste nicht, ob Viviane gekommen war.

Der Tau sagte mir, dass der Tag nicht mehr weit war. Bald würde der Morgen die Landschaft zum Leuchten bringen, und wenn die Dinge glänzten, war alles besser. Also hüllte ich mich in meine Jacke und wartete. Seit gestern hatte ich nichts gegessen, aber ich hatte keinen Hunger. Selbst beim Gedanken an die Linsen meiner Mutter zog sich mir der Magen zusammen, und das war kein gutes Zeichen.

Alles in allem war es die richtige Entscheidung gewesen, nicht in den Krieg zu ziehen. Einen tollen Soldaten hätte ich abgegeben. Von überallher wären sie angesprungen gekommen, Alarmstufe Rot, der Soldat Shell ist verschwunden! Die Jungs meiner Patrouille wären in Panik geraten, und am Ende hätte man mich gefunden, schlafend mitten auf dem Schlachtfeld. Ade Medaillen. Ja, so war es besser. Ich konnte noch so sehr eine Schau abziehen, ich brauchte jemanden, der sich um mich kümmerte. Zorro hatte auch seinen Bernardo.

Bernardo, Viviane, der Drache. Eine Sonnenflamme auf meinen Lidern. *Ich will nicht, dass man mich fortbringt.* Die aufreißende Erde. *Ich wollte nur in der Schule bleiben.*

Ich setzte mich kerzengerade hin, die Lider waren verklebt, und meine Kehle tat weh, als hätte ich geschrien. Es war Tag. Mir war nicht mehr so kalt, aber ansonsten ging es mir schlecht. Meine Sachen waschen? Nein, die Tränke war zu weit. Morgen vielleicht. Ich wollte Viviane nicht verpassen.

Viviane ist nicht gekommen. Nicht an diesem Tag, nicht am nächsten, nicht am Tag danach, und wenn ich mich recht erinnere, haben wir uns in meinem Stall auch nie wieder gesehen. Ich kaute ein wenig Gras, probierte sogar Erde, spuckte sie wieder aus, trank Wasser, versank in meinem Fieber, und die Erwachsenenstimme, auf die ich nie hörte, sagte mir, ich solle nach Hause gehen, die Kraft dafür hätte ich noch, und wenn ich *auf der Stelle* ginge, würde alles gut. Ja, ich sollte zur Tankstelle zurückgehen, bevor es zu spät war, meine Mutter würde sich um mich kümmern, sie würde mir wieder auf die Beine helfen.

Aber ich wollte warten, nur ein bisschen noch, für alle Fälle. Nur einen Tag noch und dann noch einen und vielleicht noch einen letzten.

Als ich begriff, dass Viviane nicht kommen würde, waren schon zu viele Tage vergangen, zu viele Tage mit Fieber und einem Hunger, der meinen Körper auffraß. Mir wurde klar, dass ich es unmöglich den Z-Weg hinunterschaffen würde. Aber wie schlimm es wirklich war, wurde mir erst bewusst, als ich in die Hose pinkelte und es mir nicht mal was ausmachte.

Ich hatte auch nicht die Kraft, zur Tränke zu gehen. Eigentlich konnte ich nur noch sterben, darauf warten, dass ich kleiner wurde und aus der Welt hinausglitt, still und leise, so wie meine Großmutter.

Ich hatte Angst, aber irgendwann hörte es auf. Die größte Angst war ja auch die Ungewissheit gewesen. Ob Viviane wiederkommen würde, was mir passieren würde, wo Macret mir das nächste Mal auflauerte. Aber jetzt war alles klar: Viviane würde nicht wiederkommen, ich würde sterben, und dann könnte Macret mit mir machen, was er wollte, ich wäre tot, das juckte mich nicht mehr. Da würde er ganz schön dumm aus der Wäsche gucken.

Tja, Macret, ich erinnerte mich kaum noch an sein Gesicht. Ich wusste nur noch, dass er richtig böse Augen hatte. Schon komisch, wo ich ihn so gehasst hatte. Das alles war weit weg.

Es war jetzt schon der sechste Tag, oder der siebte, egal, das waren sowieso bloß Zahlen, und im Geiste suchte ich das Plateau nach meiner Königin ab. So war es auch viel einfacher, im Flug, bequemer als zu Fuß, bequemer, als zu schwitzen oder zu frieren. Innerhalb von Sekunden legte ich gewaltige Entfernungen zurück, ich flog von einem Ende des Plateaus zum anderen, und zum Schluss war ich immer da, wo die Sonne aufging. Aber ich fand den Ort nicht, wo sie wohnte. Dabei sollte ein Schloss doch zu sehen sein auf so einem Plateau, wo es gar nichts anderes gab.

Ich hätte nicht aufhören sollen, vor dem Schlafengehen zu zwinkern, dachte ich. Das war das Problem gewesen, der Grund für alles. Ich hatte mich für oberschlau gehalten, und das hatte den Malocchio angelockt. Ich betete einen Rosenkranz.

Oder ich hatte etwas Böses gesagt oder getan, als ich Viviane das letzte Mal sah. Nein, Unsinn, wir hatten gespielt, das Wünschespiel, und sie hatte einen glücklichen Eindruck gemacht. Sie hatte mich verraten, so war's. Mädchen plappern, verraten alles, man kann ihnen einfach nicht trauen. Kein Wunder, dass Zorro nicht verheiratet war, Superman auch nicht, aber den mochte ich weniger, weil sein Umhang so viele Falten warf. Und wenn Viviane selber die Polizei gerufen hatte? Wenn sie ihnen gesagt hatte, wo ich war? Nein, das hätte sie niemals. Ich hatte bloß Pech gehabt, bestimmt suchten sie das Plateau Stück für Stück ab, das war alles.

Die Tage glitten dahin, ein Faden Licht und ein Faden Dunkel, Wolkenfussel im Loch meines Dachs, Mond und

Sonne. Morgens war mir kalt, abends glühte ich und fror immer noch. In der prallen Hitze einzuschlafen, das würde mir eine Lehre sein.

Auf einmal sah ich alles ganz klar. Ich richtete mich auf und musste lachen, mit meinem lauten Eselslachen, das den Leuten solche Angst machte. Ich hatte verstanden. Das alles gab es gar nicht. Es hatte nie ein Plateau gegeben, nie eine Viviane. Ich hatte keine beste Freundin, hatte nicht in der Höhle gebetet, hatte nicht aus dem Gebirge getrunken. Vielleicht gab es mich selber ja auch nicht mehr, zumindest nicht so, wie man mich kannte, den Trottel von der Tuves-Brücke. Ich war wie die anderen, ein stinknormaler Junge, der beschlossen hatte, das Z am Felshang hinaufzusteigen. Mir war schwindlig geworden, so viel stimmte immerhin an der Geschichte, und ich war abgestürzt und unten im Tal aufgeschlagen, wo ich jetzt sanft starb und mir in der letzten Sekunde, bevor alles aufhörte, diese verrückten Sachen ausdachte.

Das war's, jetzt war ich tot, ich musste endlich keine Schmerzen mehr ertragen, danke.

Irgendwas blitzte auf, und ich wurde neugierig. Auf meinem Auge saß eine Fliege, ich verscheuchte sie und kroch los, um nachzusehen, was das war. Hinter einem Steinhaufen lag ein Leinenrucksack mit Metallschnallen. Das Metall war heiß, ich brauchte lange, um den Rucksack mit meinen geschwollenen Fingern zu öffnen. Als ich sah, was drin war, weinte ich, aber es waren trockene Tränen, das zählt also nicht wie richtiges Weinen.

Im Rucksack waren ein Brief, drei Dosen Linsen und ein Büchsenöffner. Auf dem Brief stand mein Name, das heißt, da stand Shell. Hunger hatte ich schon lange keinen mehr, also öffnete ich erst mal den Brief. Viviane hatte eine schöne Schrift, ganz schräg, so sehr sauste sie im Erzählen dahin. Aber für mich war das zu kompliziert, vor allem in meinem Zustand, die Wörter hüpften, die Buchstaben wirbelten.

Ich machte die erste Dose Linsen auf. Mir wurde sofort schlecht, so schnell aß ich sie auf, bei der zweiten Dose ließ ich es langsamer angehen. Dabei fiel mir ein, dass ich Durst hatte, aber ich hatte nicht die Kraft, mich zur Tränke zu schleppen, zumindest nicht jetzt gleich. Trinken würde ich später, sagte ich mir, ganz sicher. Ich musste mich bloß ausruhen mit meinen anderthalb Dosen Linsen im Bauch. Ich stellte mir vor, wie sich das kühle Wasser auf meinen Lippen anfühlte, die schon aufrissen wie die Erde, ja, das wäre echt toll.

Dann nahm ich wieder den Brief, hielt die Nase daran, er duftete nach Schule. Viviane war bestimmt an dem Tag gekommen, als die Polizei da war und ich hinter meinem Hügel versteckt schlief. Sie hatte den Rucksack gut sichtbar hingestellt, wahrscheinlich war ich darüber gestolpert, als ich in der Nacht zurückkehrte, aber da hatte ich ja auch schon Fieber, und man konnte nichts sehen, deshalb war er umgekippt. Sollte das jetzt heißen, dass wir uns nicht mehr sehen würden? Der Brief erklärte es bestimmt, ich musste ihn nur noch lesen. Die meisten Wörter erkannte ich einzeln wieder, erst wenn ich versuchte, sie zu verbinden, geriet alles durcheinander, das war wie mit den Bändern, wenn wir in der Schule den Tanz der Seiler tanzten. Dabei schaffte ich es nicht mal, die Bänder, die wir durcheinanderkriegen sollten, in der richtigen Reihenfolge durcheinanderzukriegen. Und jetzt einen Brief lesen, puh.

Auf einmal packte mich die Wut, eine so riesengroße Wut, dass ich das ganze Tal damit hätte zustopfen können. Wut auf den Tanz der Seiler, Wut auf Viviane, die mir einen Brief geschrieben hatte, den ich nicht lesen konnte. Wut auf mich und all meine Probleme, auf meinen Vater, der niemanden mochte, auf meine Mutter, die ihm verzieh, auf die Ameisen, die immer eine Möglichkeit fanden, in mein Zimmer reinzukommen, obwohl ich mir sicher war, dass ich alle Löcher zugestopft hatte. Wut auf den Toaster, der die Brote selbst auf Stufe 1 verbrannte. Auf den Hunger und den Durst, die zu nichts gut waren. Und dann natürlich auf diesen bescheuerten Brief mit all seinen Geheimnissen, ich nahm ihn mit beiden Händen und zerriss ihn, zerriss ihn in immer kleinere Stücke, bis es nichts mehr zu zerreißen gab. Was in dem Brief stand, war mir piepegal. So wichtig konnte es nicht sein, sonst hätte Viviane auf meine Rückkehr gewartet und es mir gesagt. Und wenn es doch wichtig war, hatte sie es sich selber zuzuschreiben, sie hätte nachdenken sollen, bevor sie einem Trottel wie mir schrieb.

Sofort bedauerte ich, was ich getan hatte. Es stimmte ja, ich war ein Trottel, egal was ich machte, darauf lief es immer hinaus, die Leute hatten recht. In meinem Kopf klebte ich den Brief wieder zusammen, und auf einmal konnte ich ihn lesen, ich hörte ihre Stimme, sah die schönen Sätze hell und leuchtend vor mir dahinfließen, und alles war klar.

Viviane sagte, dass sie morgen wiederkommen würde, dass alles wieder wäre wie vorher und dass es ihr leidtue, mir einen solchen Schreck eingejagt zu haben, bis dann, tschau.

Trinken. Ich musste trinken gehen.

Gleich gehe ich, murmelte ich mit meinen erdigen Lippen. Ein paar Minuten noch.

Ich wollte aufstehen und zur Tränke gehen. Aber da war eine Hand auf meiner Schulter und drückte mich zu Boden. Meine Lippen stießen an Metall, ein Wasserstrahl wusch mir den Mund. In meinem Magen rumpelte es, als würde jemand drübertrampeln. Es war stockdunkel, oder ich bekam einfach nur meine verklebten Lider nicht voneinander gelöst. Ich schrie, oder zumindest wollte ich das, denn es war nichts zu hören.

Keine Ahnung, wie lange ich so dagelegen und mitgemacht habe, was diese Hände wollten. Ein Stoß, und sie richteten mich auf, ein Stoß, und sie hielten mich fest, ein Stoß, und sie zwangen mich zu irgendwas. Dann kam der Tag, an dem ich die Augen aufschlagen konnte, ich sah ein Stück Watte auf mich zukommen und wehrte mich. Schon als kleines Kind hatte ich es gehasst, Watte zu berühren. Ich konnte es nicht erklären, das war, als würden mir die Zähne ausfallen, schlimmer, als wenn wir mit den Fingernägeln über die Tafel kratzten, um zu sehen, wer am längsten aushielt. Ich schrie, aber es half nichts. Die laue Watte fuhr über meine Wimpern. Meine Zähne fielen nicht aus.

Nach und nach verging der Schmerz. Ich trieb dahin wie damals, als ich beinahe ertrunken wäre, umgeben von grünen Strahlen und Lichtplättchen, von Sandwolken und dem Klopfen meines Herzens. In der Sekunde, bevor man mich aus dem Wasser zog, hatte ich eine große Ruhe gespürt, und jetzt war es genauso. Ich wusste, dass ich bald ankommen würde, dass mich eine Welle auf dem Sand absetzen würde, verstört, aber unversehrt.

Etwas Feuchtes legte sich auf mein Gesicht, ein heißer Wind, ein komischer Geruch. Ich hob die Hand, stieß an etwas, so etwas wie einen großen Plüschkopf. Ich schlug die Augen auf und schrie. Der Pyrenäenhund nahm seine Zunge von meiner Backe, bellte einmal und rannte davon.

Ich holte tief Luft und füllte meine Lunge, gierig wie ein Neugeborenes. Ich hatte kein Fieber mehr. Ich wollte mich aufrichten, aber das war zu schwer, also bewegte ich mich nur mit den Augen. Die Decke hatte sich verändert, das war nicht mehr mein rundes Dach mit dem schönen Loch darin. Stattdessen war dort ein knorriges Gebälk, das sich über vier Wänden aus Stein erhob. Ich schaute mich um, es war Tag, und da bemerkte ich durchs Fenster einen alten Kleinlaster, ein flaschengrünes Modell. Ich war mir sicher, dass ich den irgendwo schon mal gesehen hatte.

Der große weiße Hund kam zurück, er hockte sich vors Bett und schaute mich an, seine lange Zunge hing ihm aus dem Maul. Ich streckte die Hand aus und wollte ihn streicheln, aber ich kam nicht heran, er war ein bisschen zu weit weg. Ich mochte Hunde, bloß hatte ich nie einen haben dürfen, meine Mutter meckerte, sie hätte schon genug zu tun, und ich sei unfähig, mich um ein Tier zu kümmern, am Ende würde ihm ein Unglück zustoßen wie Saturnin. Saturnin war ein Küken gewesen, das ich auf dem Schulfest gewonnen hatte, oder besser gesagt, das man mich aus Mitleid hatte gewinnen lassen. Es hatte also durchaus Vorteile, wenn man der Dorftrottel war. Saturnin war zu einem riesigen Huhn geworden. Eines Tages hatte ich vergessen, den Käfig zuzumachen, und Saturnin war auf der Talstraße unter ein Auto gekommen. Also kein Hund.

Draußen hörte ich Schritte, und Matti kam herein, er musste den Kopf einziehen, so groß war er. Ich machte »Aaaah«, weil mir jetzt einfiel, wem der alte grüne Laster gehörte, und zack, war ich wieder eingeschlafen.

Als ich irgendwann abends wach wurde, stand ich aus dem Bett auf, einfach so, als wäre nichts passiert. Matti saß an einem großen Tisch, er aß einen Teller Suppe und starrte vor sich hin. Er nahm einen zweiten Teller aus einem Regal, aß dabei aber weiter, und stellte ihn gegenüber von sich auf den Tisch, mehr nicht. Ich setzte mich und schnitt mir mit dem schönen Taschenmesser aus Horn, das er mir gab, eine Scheibe Brot ab. Wir aßen zusammen. Ohne ein Wort zu sprechen, klar.

Klar, weil Matti genau wie Bernardo, Zorros treuer Diener, stumm war. Er war eines Tages ins Tal gekommen, niemand wusste, woher, oder zumindest hatte niemand es mir gesagt, und er selber hätte es sowieso nicht erzählen können. Er war Schäfer auf dem Plateau und Stammkunde auf der Tankstelle.

Mein Vater schien ihn nicht zu mögen, ich hatte nie verstanden, warum, er fuhr ja nicht wie die anderen zum Tanken ins Flachland runter. Wenn Matti kam, beklagte mein Vater sich immer, dass *die* jetzt schon bis hierher kämen und dass man nirgendwo mehr seine Ruhe hätte. Irgendwann fragte ich ihn, wer *die* seien. Mein Vater sagte nur:

»Jemand, der nicht von hier ist«, und als ich fragte, woher denn, antwortete er, das wisse er nicht, das sei ihm egal, aber garantiert nicht von hier, das würde genügen.

Ich mochte Matti. Einmal hatte er mich hinter der Tankstelle weinen sehen. Er ging gerade zum Bezahlen und kam an mir vorbei, ohne etwas zu sagen, und als er wieder rauskam, warf er mir einen Schokoriegel zu. Er stieg in seinen grünen Laster und verschwand. Danach putzte ich ihm jedes Mal die Windschutzscheibe gratis.

Matti war ein schöner Mann. Wirklich schön. Er hatte schlohweißes Haar, ein Zeichen dafür, dass er schon alt war, obwohl er gar nicht so alt aussah. Er war sehr groß, und vor allem war er sehr stark. Einmal war eins seiner Schafe von der Ladefläche gesprungen, während ich gerade den Tank füllte, Matti packte es mit nur einer Hand und setzte es wieder drauf. Na ja, es war vielleicht nicht sein größtes Schaf, aber trotzdem.

Die Alten in der Gegend hatten ihm den Spitznamen *Silènci* gegeben. Mein Vater hatte gehört, dass man ihm die Zunge abgeschnitten hätte, aber meine Mutter sagte, so ein Quatsch, solche Sachen hätte man von Geburt an. Ich selber konnte nicht viel dazu sagen, außerdem würde das sowieso niemand rauskriegen, es sei denn, er guckte ihm in den Mund. Während wir die Suppe aßen, warf ich ein paarmal einen neugierigen Blick zu ihm, aber da war nichts zu sehen.

Nach dem Essen klappte Matti sein Messer zusammen, und wir gingen hinaus und setzten uns auf den breiten Stein vor der Tür. Es war noch hell. Irgendwie war es komisch, denn um uns herum waren dieselben Berge, dasselbe Plateau, alles sah genauso aus wie das, was ich von meinem Schafstall aus gesehen hatte, nur war der jetzt verschwunden. Matti zog eine Gitane aus der Tasche, brach sie in der Mitte durch und bot mir eine Hälfte an. Ich schüttelte den Kopf, er steckte das Stück zurück und rauchte das andere. Ich atmete nur seinen Rauch ein, mehr brauchte ich nicht. Ich war stolz darauf, dass er mir die halbe Zigarette angeboten hatte.

Ich fragte ihn, wie er mich gefunden hatte, und er deutete mit den Augen ein Stück zur Seite, zu seinem großen Berghund, der nicht weit von uns auf dem Boden lag, eine Pfote in der Luft. Der Hund musste mich gerochen und aufgestöbert haben, als Matti mit seinen Schafen vorbeikam.

Von der Tankstelle war ich die Stille gewohnt, es machte mir also nichts aus, dass wir nicht miteinander sprachen. Aber ich sagte mir, dass Matti doch bestimmt neugierig war und wissen wollte, wie ich dort hingekommen war. Als wir uns zuletzt gesehen hatten, hatte ich ihm seinen Wagen perfekt vollgetankt, in meiner schönen, vor Sauberkeit knisternden Shell-Jacke, und dann fand er mich halb tot vor, in derselben Jacke, aber voller Flecken und mit aufgerissener Schulter, auf einem Plateau, wo es nur Schafe gab, Heu und ein Mädchen, das Königin spielte.

Also erklärte ich ihm, auch wenn er mich nicht gefragt hatte, wie meine Eltern mich fortschicken wollten, wie ich beschlossen hatte, ihnen zu beweisen, dass ich kein Kind mehr war, wie ich Viviane getroffen hatte und wie sie mich ernst genommen hatte, für sie war ich jemand.

Dann beschrieb ich ihm Viviane, ihre blonde Strähne, ihre

pechschwarzen Augen, die einem ein wenig Angst machten, ihre Art, sich zu bewegen, so als wollte sie niemanden stören, womit sie einem aber dermaßen nahekam, dass man den Eindruck hatte, man bekäme eine Lawine ab.

Sie hatte mir einen Brief geschrieben, den hatte ich zerrissen, war er vielleicht zufällig über die Schnipsel gestolpert? Matti schüttelte seinen großen stummen Kopf. Ich sagte ihm, dass ich nicht verstand, warum sie verschwunden war und einen blöden Brief hinterlassen hatte, und er lächelte, es war das erste Mal, dass ich ihn lächeln sah. Aus seiner Tasche nahm er ein altes Foto, ein Farbfoto, aber so wie früher, darauf war eine Frau mit einer komischen Frisur und Goldmünzen, die ihr über die Stirn hingen, zwei Kinder lachten, dem Mädchen fehlten die beiden Vorderzähne. Ich wusste nicht recht, was ich mit dem Foto anfangen sollte, also sagte ich, dass ich die Farben schön fände. Er nickte und steckte es wieder ein, ich glaube, das hat ihm gefallen.

Er rauchte die Zigarette bis zum Ende, sie löste sich schon zwischen seinen Fingern auf, und er hatte nichts mehr zum Austreten, nur ein paar Tabakkrümel, die warf er in den Wind. Ich wurde traurig, und auf einmal bedauerte ich fast, dass er mich in meinem Schafstall gefunden hatte. Im Grunde hätte er mich genauso gut dort sterben lassen können, das hätte keinen großen Unterschied gemacht. Ich dachte es laut, ich konnte nicht anders, aber dann wurde mir klar, dass das nicht sehr höflich war, und ich entschuldigte mich sofort. Er kratzte sich nur an seinem schneeweißen Bart. Ich bin wegen Viviane so, erklärte ich ihm.

Während ich das sagte, wurde mir bewusst, dass ich nicht wegen Viviane so war, sondern wegen meiner Eltern, wegen Macret, wegen der Schule, und dass ich es noch immer nicht geschafft hatte, allen zu zeigen, dass ich *ich* war und dass ich niemanden brauchte, ich konnte allein meinen Weg gehen. Auch das erzählte ich Matti, ich glaube, in meinem ganzen Leben hatte ich noch nie so viel gesprochen, nicht mal mit der Königin.

Und schließlich gestand ich ihm meine größte Angst: dass es Viviane vielleicht gar nicht gab. Je länger ich darüber nachdachte, desto sicherer war ich mir, dass ich sie erfunden hatte. Schon vorher hatte ich Freunde gehabt, die ich mir nur einbildete, zum Beispiel eine Katze, die Mundharmonika spielen konnte, da war zum ersten Mal ein Doktor vom Schulamt gekommen, um mit mir zu reden.

Matti war wirklich eine Marke, so viel steht fest. Denn in dem Moment schaute er mich lange an, mit seinem großen stummen Kopf, und sagte:

»Deine Freundin, die Kleine aus Paris. Die kenne ich.«

Einmal, ich war vielleicht sieben oder acht Jahre alt gewesen, oder neun, jedenfalls jünger als zehn, da hatte an der Tankstelle eine Familie gehalten, in einem Auto, das aussah wie ein Raumschiff. Selbst mein Vater war rausgekommen, um es zu bewundern. Der Wagen war so breit, dass ich es auch mit weit ausgestreckten Armen nicht schaffte, die beiden Scheinwerfer gleichzeitig zu berühren.

Das sind Amis, sagte mein Vater, und das Auto ein Buick, so einen hatten wir noch nie gesehen. Die Leute machten ein Polaroidfoto und gaben es uns als Andenken. Als sie wieder gefahren waren, bemerkte ich, dass einer der Jungen eine Schachtel mit einem nagelneuen Figürchen drin vergessen hatte, auf der Schachtel stand *GI Joe*, und so etwas hatte ich auch noch nie gesehen.

Ich wollte nichts lieber, als damit zu spielen, aber meine Großmutter hatte mir schon von der Hölle erzählt, und ich wusste ja, dass der GI Joe mir nicht gehörte, also stellte ich ihn aufs Fensterbrett, für den Fall, dass die Familie zurückkam, um ihn zu holen. Mein Vater machte sich lustig über mich, er sagte, die Amis würden nie zurückkommen, und wenn doch, würden wir ihnen sagen, nein, ihr blödes Spielzeug hätten wir nicht gefunden. Außerdem, meinte er, würde ich so ein teures Ding nie wieder zu sehen bekommen, ich sollte es doch einfach behalten.

Ich hatte mich geweigert, und die Schachtel blieb vor meinem Fenster liegen, wo sie wohl immer noch lag. Die

Sonne hatte die Farben des Kartons sofort ausgebleicht, aber innen drin war der Soldat noch wie neu, und ab und zu nahm ich ihn heraus, um zu sehen, ob es ihm gutging. Das letzte Mal an dem Tag, als ich die Tankstelle verließ. Ich hatte ihn ein bisschen in meinem Zimmer marschieren lassen, Habachtstellung, Kampfstellung, Feuer frei! Das war nicht wirklich spielen, sagte ich mir, nur damit seine Gelenke in Schuss blieben.

Und jetzt brachte ausgerechnet Matti mich dazu, wieder an meinen GI Joe zu denken. Er sagte nie etwas, seine Stimme hätte eingerostet sein müssen, aber nein, sie brach aus ihrer alten Schachtel hervor wie am ersten Tag, die Farben frisch, einsatzbereit. Es war eine flussklare Stimme, eine Stimme, wie man sie nicht erwartet hätte unter so weißen Haaren, sie floss über die R wie Wasser über einen Kiesel, mit einem kleinen Akzent, der mich an meine Großmutter erinnerte, auch wenn es nicht ganz genauso klang.

Diesmal blieb *ich* stumm, es passierten einfach zu viele Sachen in meinem Kopf, und ich schaffte es nicht mehr, sie zu sortieren: warum der Stumme sprach, was er von Viviane wusste, wo sie war. Ich fing an, ganz schnell zu atmen, und er legte mir die Hand auf die Schulter und antwortete von sich aus auf die Fragen, auch wenn ich sie gar nicht gestellt hatte.

Aber man darf nicht glauben, Matti hätte von da an längere Sätze gesprochen, überhaupt nicht. Er benutzte so wenige Wörter wie möglich, die Lücken füllte er mit Achselzucken, Stirnrunzeln, Kopfschütteln oder Nicken. Er brummte für ein »Ja«, und für ein »Nein« brummte er anders. In seinem

Land, sagte er, konnte man Ärger kriegen, wenn man den Mund aufmachte, also hatte er es sich abgewöhnt, als Schäfer traf man sowieso nicht viele Menschen. Hätten die Leute ihm eine Frage gestellt, die nach Worten verlangte, hätte er geantwortet, aber niemand hatte ihn je etwas gefragt. So war's, deshalb war er die meiste Zeit stumm.

Das verstand ich gut, das war ein bisschen wie auf der Tankstelle. Der Unterschied war, dass ich nicht stumm geworden war, sondern lieber mit meinen Spielzeugen sprach oder die Wörter zufällig herauskommen ließ, einfach so, damit sie sich nicht innen drin stapelten.

Matti kannte Viviane, er traf sie manchmal beim Auftrieb der Herde, der Weg ging genau bei ihr vorbei. Ihre Eltern hatten ein altes Haus gekauft und ausgebaut. Sie kamen jedes Jahr in den großen Ferien aus Paris und blieben bis zum Ende des Sommers.

Auf einmal kam mir ein Verdacht, und ich fragte Matti, ob noch viel vom Sommer blieb. Er sagte, es sei der 13. Juli, das könne ich selber ausrechnen. Ich nickte, so als wäre das für mich ein Leichtes, und sagte auf gut Glück, dann bleibe ja noch ziemlich viel vom Sommer, und dabei versuchte ich, das Fragezeichen am Schluss nicht allzu deutlich zu betonen. Aber von wegen, es kam heraus wie eine einzige ängstliche Frage. Matti ließ sein Brummen hören, was so viel hieß wie »Na klar«, und mir fiel ein Stein vom Herzen. Wenn noch etwas vom Sommer blieb, war Viviane noch da, und wenn sie noch da war, würden wir uns wiedersehen, das konnte gar nicht anders sein.

Ich bat Matti, mich zu ihr zu bringen, bitte, jetzt gleich.

Zu wissen, dass sie noch da war, auf demselben Plateau wie ich, machte mich verrückt. Ich wollte sie sehen, wollte sie fragen, warum sie mich vergessen hatte, mich, ihren besten Freund. Matti lachte nur und sagte, das sei ein ordentliches Stück Weg bis dorthin, das könne gut bis morgen warten.

In meinem ganzen Leben hatte ich nichts Blöderes gehört, aber es wäre wirklich unhöflich gewesen, ihm das zu sagen.

Matti stand auf, ging in die Schäferhütte und kam mit einer Flasche ohne Etikett und einem kleinen Glas wieder raus. Er setzte sich wie vorher auf die Türschwelle, füllte das Glas und bot es mir an. Ich roch den Alkohol und sagte ihm, das dürfe ich nicht, ich hatte nämlich mal heimlich Bier getrunken, und danach hatte ich nur noch mehr Dummheiten gemacht als sonst. Er zuckte mit den Schultern, trank das Glas in einem Zug aus und schnalzte mit der Zunge. Sein Schnaps roch nach regenfeuchter Wiese, nach nassen Blumen, aber mit etwas Bitterem dahinter, wie bei einem Gewitter, wenn es noch nicht ganz vorbei ist.

Die Sonne verschwand auf der anderen Seite des Plateaus, und im Nu war es dunkel. Ich war müde, aber wenn ich mich zu früh schlafen legte, war ich am Morgen muffelig, und morgen war ein wichtiger Tag. Ich umarmte Matti, was ihn offenbar überraschte, und im Grunde überraschte es mich auch. Dann saß er da und machte ein irgendwie idiotisches Gesicht, die Arme noch ausgebreitet. Als ich reinging, sah ich, wie er sich ein weiteres Glas einschenkte und es gleich hinunterkippte.

In der Nacht hatte ich einen Albtraum. Normalerweise kam dann mein Vater zu mir, schüttelte mich und sagte, ich solle aufhören zu wimmern, weil ihn das beim Schlafen störe, und wenn ich einen so schlimmen Albtraum hatte, dass ich weinen musste, kam meine Mutter und tröstete mich.

Als ich aufwachte, war ich schweißnass. An der Wand gegenüber dem Bett, das Matti für mich im Wohnraum hergerichtet hatte, kletterte langsam der Morgen hoch. Ich wusste nicht mehr, wovon ich geträumt hatte, aber meine Mutter fehlte mir, also stellte ich sie mir vor und drückte sie an mich, während ich darauf wartete, dass es hell wurde. Und selbst dann wartete ich noch, ich wollte einfach sicher sein, dass das Licht alle Ungeheuer verscheucht hatte.

Aber mit den Ungeheuern ist das so eine Sache, sie verstecken sich immer dort, wo man am wenigsten mit ihnen rechnet.

Als ich mich schließlich aufzustehen traute, war kein Laut zu hören. Matti schlief noch. Ich ging hinaus in die Morgenluft, das Plateau leuchtete, ich war stark. Ich ging zur Tränke, ein wunderbarer Duft von Schafen wehte aus den steinernen Ställen hinter der Hütte. Ich zog mich nackt aus und steckte den Kopf ins Wasser.

Es war wie ein Hammerschlag, so kalt war das Wasser, und ich sprang zurück, schrie lautlos, die Kälte hatte mir meine Stimme geraubt und all meine Gedanken. Dann stieg ich mit dem ganzen Körper hinein, ich lief blau an und konnte nicht mehr atmen. Selten hatte ich mich so gut gefühlt. Danach wusch ich Stück für Stück meine Sachen und rannte auf die Grenze zwischen Tag und Nacht zu, die dort langsam übers Gras kroch. In den ersten Sonnenstrahlen breitete ich meine Sachen aus, das waren die schönsten Strahlen, sie waren so niedrig, dass sie nirgendwo auftrafen, sie hatten den Staub noch nicht aufgewirbelt, der sie später verschmutzen würde. Ich legte mich neben meine Jacke, genau wie sie mit ausgestreckten Armen, und zitterte vor Freude.

Heute würde ich zu Viviane gehen.

Ich musste trotzdem bald zurück ins Haus, denn mir war dermaßen kalt, dass mein Pipi zusammenschrumpelte, ich zog an ihm, aus Angst, er könnte ganz verschwinden. Da nichts von meinen Sachen trocken war, schlüpfte ich nur in die Unterhose. Matti war noch nicht aufgestanden, und ich ging in sein Schlafzimmer, um nach ihm zu sehen.

An diesem Morgen, in diesem von der neuen Sonne leuchtend gelben Zimmer, begriff ich etwas Wesentliches. Ich war sonderbar, nicht normal, voller Probleme, okay. Das hatte man mir immer und immer wieder gesagt. Aber im Grunde waren alle Menschen wie ich. Die anderen hatten auch ihre Malocchios, ihre Albträume und ihre Macrets, sie gaben ihnen nur andere Namen.

Matti lag ausgestreckt da, mit offenen Augen, und brummte leise vor sich hin. Eine leere Flasche ragte unter dem Bett hervor, und ein Geruch von ranziger Butter stach mir in die Nase, ich wäre beinahe wieder rausgelaufen. Aber dann fiel mir ein, dass ich ihn brauchte. Ich schüttelte ihn, zog an ihm, erinnerte ihn daran, dass er versprochen hatte, mich zu Viviane zu bringen. Er starrte nur an die Decke und stöhnte. Ich fragte ihn, wo sie wohnte, vielleicht konnte ich ja allein hingehen, und da bewegten sich seine Lippen. Ich beugte mich vor, aber er sagte nur: »Schafe, die Schafe …«.

Zuerst war ich wütend, und dann sagte ich mir, dass er sich um mich gekümmert hatte und dass er nicht mal etwas dafür haben wollte. Also dachte ich nicht länger an Viviane, oder zumindest wollte ich nicht an sie denken. Ich nahm einen alten grauen Lappen, der im Spülbecken lag, und wischte ihm das Gesicht ab, so wie meine Mutter es bei meinem Vater und bei mir machte, wenn wir Fieber hatten. Nach einer Weile richtete Matti sich auf, übergab sich auf den Boden, und sofort musste ich mich auch übergeben, uns ging es hundeelend, das war kein schöner Anblick.

Am Nachmittag wachte Matti auf, nur kurz, um mir zu sagen, dass ich mich um die Schafe kümmern sollte. Sein

Hund, sagte er, würde mir helfen, und schon war er wieder eingeschlafen. Ich ging zu den Tieren hinterm Haus, und da stand ich dann mit hängenden Armen und guckte dumm. Niemand hatte mir beigebracht, wie man sich um Schafe kümmert. Autos volltanken, das konnte ich, und nicht mal das hatte man mir von heute auf morgen erlaubt, ich musste meinem Vater erst monatelang zusehen und mir sein Vertrauen verdienen. Die Schafe starrten mich an, als erwarteten sie etwas von mir, aber ich wusste nicht, was, und ich hatte Angst, sie zu enttäuschen. In gewisser Weise waren sie wie meine Kunden auf der Tankstelle, ich hatte eine Verantwortung.

Wasser hatten sie genug, es floss direkt aus der Tränke in eine Rinne. Aber vielleicht hatten sie ja Lust, sich die Beine zu vertreten, also öffnete ich die Tür eines der Ställe. Die Schafe kamen blökend heraus und verstreuten sich in Richtung Berge. Ich rannte ihnen hinterher, aber ich schaffte es nicht, auch nur ein einziges zu erwischen. Erschöpft sackte ich ins Gras. Dass Schafe so schnell laufen konnten, hätte ich nicht gedacht, noch dazu eingemummelt in ihre dicken Pullover.

Als ich merkte, dass ich immer noch in Unterhose war, wurde ich knallrot, zum Glück war niemand da, der mich sehen konnte. Ich sammelte meine Sachen ein und setzte mich hin, um in meinem Kopf zu wiederholen, was ich Matti sagen würde. Ich hatte die Hälfte seiner Herde ausbrechen lassen, und es wurde schon Abend. Tja, das sollte ihm eine Lehre sein, mir zu vertrauen. Wenn ich Matti bitten würde, für mich ein Auto vollzutanken, und er würde das Benzin durch die Gegend spritzen, wen würde man da zur Schnecke machen? Mich. Das war genau das Gleiche, nur umgekehrt.

Ich versuchte mir vorzustellen, wie viel ein Schaf kostete. Fünf Franc? Zehn? Ich hoffte, Matti würde nicht von mir verlangen, ihm die Schafe zu bezahlen. Mein ganzes Geld hatte ich auf der Tankstelle in der Sparbüchse gelassen. Um in den Krieg zu ziehen, hatte ich gedacht, brauchte ich es nicht.

Im selben Moment kam Mattis Hund heraus. Er trottete auf die Wiese zu, bellte dreimal laut, und schon hatte er alle Tiere wieder zusammen. Sie liefen in aller Ruhe in ihren Stall, ohne einen Ton von sich zu geben. Das hieß zwar, dass der Hund intelligenter war als ich, aber ich war trotzdem ganz schön erleichtert.

Als ich wieder in die Hütte kam, waren die Fenster offen, Matti stand in der Küche am Spülbecken und rasierte sich zu Ende, der Boden eines Topfs war sein Spiegel. Ohne den Bart sah er noch weniger alt aus. Er schaute nicht zu mir hin, sondern fragte nur, wie es mit den Schafen gelaufen sei. »Gut«, sagte ich, und er verkündete mir, dass er mich am nächsten Tag zu Viviane bringen würde. Über das, was an diesem Tag passiert war, sprachen wir nicht mehr.

Nach Einbruch der Dunkelheit hörten wir so etwas wie Kanonenschüsse, ein Donnern, wie es die Scheiben zum Klirren bringt, nur dass die Fenster der Hütte keine Scheiben hatten. Das war das Feuerwerk zum 14. Juli, erklärte Matti, unten im Tal. Vom Plateau aus konnte man es nur hören, also setzten wir uns auf die Türschwelle, schlossen die Augen und stellten uns den Rest vor.

Als Matti sagte, wir seien fast da, weigerte ich mich weiterzugehen. Gleich nach Sonnenaufgang hatten wir die Schafweiden hinterm Haus überquert, waren um einen Haufen Geröll herumgegangen, unter dem sich der Ausläufer eines Bergs erstreckte, und Matti hatte auf ein Kiefernwäldchen gezeigt und gesagt: »Deine Freundin wohnt gleich dahinter.«

Auf einmal war alles zu viel für mich, ich hockte mich am Rand des Wegs in die Steine und hielt mir die Ohren zu, weil mir zu viele Stimmen zu viele unterschiedliche Sachen erzählten. Konnte ja sein, dass Viviane keine Lust mehr hatte, mich zu sehen, oder sie fand mich zu dumm, und genau das hatte sie mir in dem Brief geschrieben, auch wenn sie dafür bestimmt einen freundlicheren Ton gefunden hatte. Das war mir schon in der Schule so passiert. Zu Beginn des Schuljahrs kamen die Neuen zu mir, und sobald ich etwas zu ihnen sagte, machten sie ein komisches Gesicht und mieden mich für den Rest des Jahres in den Pausen.

Ich bat Matti, allein hinzugehen. Wenn Viviane mich sehen wollte, brauchte sie es ihm nur zu sagen, und wenn sie mich nicht sehen wollte, brauchte sie es ihm auch nur zu sagen. Matti brummte, jetzt wäre er schon das Dienstmädchen eines *payo*, und ich kapierte gar nichts. Aber er rollte nur seine großen blauen Augen und verschwand hinter den Bäumen.

Ich blieb in der Hocke sitzen, schaukelte auf den Fersen,

ich hatte den Eindruck, er brauchte Stunden. Um ihn zurückzuholen, starrte ich fest auf das Wäldchen, und irgendwann schaffte ich es. Seine große Gestalt tauchte auf, selbst von weitem sah er riesig aus. Er ging ganz merkwürdig, er warf ein Bein nach vorn, und es sah so aus, als würde sein Körper es erst im Nachhinein merken und dann panisch versuchen, das Bein einzuholen. Mir war seine komische Art zu gehen so was von egal, ich wollte nur, dass er schneller lief.

Schließlich war er bei mir. Er steckte die Hände in die Hosentaschen, wandte sich zur offenen Seite des Plateaus und starrte ohne ein Wort dorthin, ein paarmal sah es so aus, als würde er alles vergessen: wer er war, wo er war, die ganze Welt. Selbst ich fand das ein bisschen sonderbar, und das will was heißen. Das war der seltsame, geheimnisvolle *Silènci*, von dem die Alten sprachen.

Am liebsten hätte ich ihn sofort gefragt: »Also?«, aber das war so ein Wort, das die schlechten Nachrichten herbeirief, das hatte ich schon früh gelernt. *Also, der Direktor sagt, du kannst nicht mehr zur Schule gehen. Also, deine Großmutter mag dich sehr, aber sie ist nicht mehr da. Also, den Weihnachtsmann gibt es tatsächlich nicht.* Von diesen »Also« hatte ich eine ellenlange Liste.

Aber weil Matti immer noch nichts sagte, musste ich meinen großen Mund aufmachen, ich konnte nicht anders.

»Also?«

»Also, sie sind weggefahren.«

Ich wusste es. Ich hätte besser die Klappe gehalten, ich Blödmann. Ich zog mir an den Haaren, bis es wehtat.

Das Haus war zugesperrt, meinte Matti, aber ich hörte nicht mehr, was er noch sagte, ich rannte hin, um selber nachzusehen. Das Schloss der Königin Viviane stand genau hinter dem Wäldchen, und klar, das war kein Schloss mit tausend Zimmern und Kronleuchtern aus Mondstein, sondern ein altes Schäferhaus, das Erdgeschoss aus Stein und obendrauf ein neues Stockwerk aus Holz. Die Geschichte mit dem Schloss hatte ich ihr sowieso nicht geglaubt, aber trotzdem, das war doch normal, dass ich ein bisschen enttäuscht war. Ein bisschen nur, denn jetzt ging es erst mal darum, dass das Haus verschlossen war, und ich musste die Dinge sehen, bevor ich sie glaubte, wie der Heilige aus dem Religionsunterricht, der nicht an das auferstandene Jesuskind glaubte und erst den Finger in seine Wunden legen musste. Als der Pfarrer uns das erzählte, wurde mir übel, noch im Klassenzimmer habe ich mich übergeben.

Viviane war weggefahren und hatte unsere Spiele mitgenommen, unser Lachen, unsere wunderbaren Lügen und auch die Lügen, die ich weniger mochte, zum Beispiel als sie sagte, sie würde immer bei mir bleiben.

Ich erinnere mich nicht mehr, dass ich zu unserer Hütte zurückgegangen bin, ich weiß nur noch, dass ich lange geschlafen habe, so wie jedes Mal, wenn ich unglücklich war. Matti sagte nichts, er machte weiter mit seinen Schäfersachen, als wäre ich nicht da, und in gewisser Weise erinnerte mich das an zu Hause, es half mir, mich wieder besser zu fühlen.

Als ich einmal morgens aufstand, hatte Matti einen Kalender, und ich bat ihn, mir zu zeigen, welcher Tag heute war, dann meinen Geburtstag, dann den Tag, an dem er mich gefunden hatte, und auf diese Weise versuchte ich, die Zeit seit meinem Weggang von der Tankstelle nachzuvollziehen. Natürlich wusste ich, was ein Tag war, eine Woche oder ein Monat. Schwierigkeiten hatte ich mit so schwammigen Wörtern wie *lange* oder *bald*. Ich verstand, dass ich Mitte Juni aufs Plateau gekommen war, denn Viviane hatte gesagt, es seien noch zwei Monate bis zu meinem Geburtstag. Aber war das lange her, wenn wir jetzt den 17. Juli hatten? Und mein Geburtstag, der 26. August, war das schon bald, oder dauerte es noch lange? Als ich Matti fragte, antwortete er, das hänge davon ab, wie ungeduldig ich sei, und da verstand ich noch weniger. Klar, wenn die Zeit von mir abhing, wie sollte ich dann je mit ihr zurechtkommen.

Ich hatte mir trotzdem ein Hilfsmittel ausgedacht, um diese verflixte Zeit zu messen. Auf Mattis Kalender, und der ähnelte dem Kalender in der Werkstatt meines Vaters (von dem Mädchen im orangen Badeanzug mal abgesehen), war es vom Anfang des Monats bis zur Mitte des Monats die Breite einer gespreizten Hand, vom Daumen bis zum kleinen Finger. Ein ganzer Monat waren also zwei Hände. Die Tankstelle verlassen hatte ich vor einer Hand und drei Fingern, das war schon mal was. Aber bis zu meinem Geburtstag blieben noch zwei Hände und drei Finger, und das war eindeutig in weiter Ferne, so weit weg, dass es schon Science-Fiction war.

Ich hatte die Wahl. Ich konnte losziehen und mir einen Krieg suchen, oder ich suchte mir irgendwo eine nicht allzu komplizierte Arbeit. Aber dann beschloss ich, auf Viviane zu warten, vielleicht kam sie ja zurück. Matti konnte dazu nichts sagen, sie kamen nur im Sommer, und es war das erste Mal, dass sie vor dem Ende wieder gefahren waren. Natürlich versuchte er mir begreiflich zu machen, dass ein verschlossenes Haus kein gutes Zeichen war, aber ich hörte lieber nicht hin. Hätte ich es mal besser getan.

Ich bot Matti an, ihm zu helfen, wenn er mich bei ihm schlafen ließ und mir zu essen gab. Er wollte wissen, ob ich mich mit Schafen auskannte. Das letzte Schaf, das ich mir genauer hatte ansehen können, war Martin Ballini gewesen, bei der Aufführung des Krippenspiels, aber ich wollte lieber lügen und ihm sagen, dass es keinen Besseren gäbe als mich, die Schafe und ich, wir stünden auf Du und Du. Nur war ich kein besonders guter Lügner, und irgendwas verklemmte sich, ich schaffte es einfach nicht, es auszusprechen, sosehr ich es auch versuchte. Matti sah, wie ich die Nerven verlor, und er fragte mich, ob ich bei einem Schaf vorne und hinten unterscheiden könnte. Klar konnte ich das. Er klopfte mir zweimal auf die Schulter und sagte:

»Du bist eingestellt.«

Ich glaube, für Matti war das kein schlechtes Geschäft, denn ich kümmerte mich um die Schafe, ohne mich allzu dumm anzustellen, und bald vertraute er mir immer wichtigere Aufgaben an, zum Beispiel sollte ich ihre Klauen kontrollieren oder überprüfen, ob ein Tier die Räude hatte. Beim kleinsten Fehler konnte die ganze Herde darunter leiden, und in diesem Sommer hatte er mehr Tiere als sonst, weil die Höfe im Flachland ihm zusätzlich zu seinen eigenen noch weitere anvertraut hatten.

Ehrlich gesagt, an meine Rolle als Tankwart kam das nicht ganz heran, aber ich hatte beschlossen, mir deshalb keinen Kopf zu machen. Matti stellte Käse her, in einem Schuppen, der noch hinter den Ställen lag, und der Käse war gut, so gut, dass ich manchmal heimlich einen der kleinen Käse aß. Danach musste ich alle wieder so in die Reihe legen, dass das fehlende Stück nicht auffiel.

Matti und ich hatten eine Vereinbarung. Sobald die Schafe abends im Stall waren, hatte ich frei bis zum Abendessen. Dann rannte ich über die Wiesen und ging bis zu Vivianes Haus. Auf dem Weg dorthin stellte ich mir vor, was ich tun würde, wenn die Fensterläden offen wären, was wir uns sagen würden, und mich quälte die Frage, ob wir uns umarmen oder die Hand geben sollten. Vielleicht eine etwas ungeschickte Mischung aus beidem, überlegte ich, so wie mit Tante Sylvette, Papas Schwester, die im letzten Winter zum ersten Mal zu Besuch gekommen war.

Aber nichts zu machen, jedes Mal war das Haus verschlossen. Ich blieb so lange wie möglich davor sitzen, bis zur letzten Minute, aber auch nicht länger, denn ich wusste, dass Matti es nicht mochte, wenn ich zu spät zum Essen kam, auch wenn wir dabei kein Wort miteinander wechselten. Vielleicht waren sie gerade ins Tal gefahren, sagte ich mir, bald sind sie zurück, sie brauchen nur wieder hochzufahren. Bestimmt mussten sie noch tanken, oder sie kriechen hinter einem Lastwagen her, bald sehe ich die Staubwolke auf der Straße. Jetzt, ganz sicher, gleich kommen sie, eine Frage von Sekunden nur. Ich zähle bis zehn. *Eins, zwei, drei, Herbstzeitlose auf den Wiesen, blau-weiß-rot, ABCD, fünf, sechs, nein, da fehlt eine Zahl. Eins, zwei, drei …*

Sie kamen nie, und am nächsten Tag fing ich wieder an. Ich starrte auf das Haus, so fest es nur ging, hielt mich für Superman, der mit seinen Laseraugen durch Wände blicken konnte. Ich versuchte zu erraten, welche Fensterläden die von Viviane waren. Ich nahm die oberen, auf der Seite zum Wald hin, und dann ließ ich meine Laseraugen strahlen und schmückte ihr Zimmer mit allen rosa Mädchensachen, die ich in der Weihnachtswerbung gesehen hatte.

Die Tage vergingen, ich folgte ihnen aufmerksam auf dem Kalender, um nicht den Faden zu verlieren. Es kam der 29. Juli, und da passierte mir die erste der beiden Dummheiten, die mir klarmachen sollten, dass es besser wäre, ich würde gehen.

Unter der Zahl 29 war ein kleiner leerer Kreis, das bedeutete, dass Neumond war. Meine Großmutter hatte mir eingeschärft, dass es Unglück brachte, wenn man den Neumond durch eine Fensterscheibe sah, auf der Tankstelle schloss ich an diesen Abenden also alle Fensterläden, um kein Unglück zu riskieren. Ich sagte, dass es bei Matti keine Scheiben gab, das stimmt, die Fenster hatten zum Verschließen nur einen Holzladen, außer in einer kleinen leeren Kammer nach hinten raus. Dort gab es eine einzige schmutzige Scheibe, ohne Fensterladen, und ich kannte mich ja, ich wusste genau, dass ich nicht widerstehen konnte, dass die Scheibe mich zwingen würde, durch sie hindurch den Mond anzuschauen, eben weil ich genau das nicht wollte. Also tat ich, als Matti nicht da war, das einzig Mögliche und schlug die Scheibe ein. Er bemerkte es nach seiner Rückkehr natürlich sofort, wegen des Luftzugs, aber ich tat so, als wüsste ich nicht, wie das passiert wäre. Er sah mich irgendwie merkwürdig an, so ein bisschen schief, aber offenbar war ich zu einem begabten Lügner geworden, denn er sagte nichts. Wir schnitten ein Stück Karton zurecht und ersetzten die Scheibe. Danach aßen wir aus unseren Emailletellern die Suppe, und ich ging wie immer zur Tränke, um die Teller zu spülen. Dann gingen wir ins Bett. Ich konnte ruhig schlafen. Da hast du's, Malocchio.

Matti zeigte mir den Weg zu meinem alten Schafstall, und ich ging dorthin, um nach den Resten von Vivianes Brief zu suchen, aber die Schnipsel waren fast alle verschwunden. Ich ging trotzdem noch mehrmals hin, immer wenn ich ein wenig Zeit hatte, und versuchte von dort aus die Höhle mit den Geistern wiederzufinden. Ich drehte mich um mich selbst und ging auf gut Glück in irgendeine Richtung, dabei passte ich auf, dass ich mich nicht zu weit entfernte, ich wollte mich nicht verlaufen. Aber Viviane hatte ihre Sache gut gemacht, die Höhle habe ich nie gefunden.

Der August kam. Die Hitze drückte aufs Plateau, trotzdem schaffte es ein bisschen frischer Wind immer, darüberzustreichen, in dem winzigen Raum zwischen der glühenden Luft und dem Gras, und so brachte er uns ein wenig Kühlung. Eines Morgens fand ich Matti im selben Zustand wie schon einmal vor, er lag in seinem Bett und stöhnte, auf dem Boden eine leere Flasche. An diesem Tag waren sein Hund und ich die Chefs, wir kamen prima zurecht. Der Hund hieß Alba, und wir waren gute Freunde geworden. Als wir zurückkamen, sah ich, wie Matti sich über seinem Topf rasierte, und am nächsten Tag war alles vergessen.

Seit Saturnins Tod hatte ich mich nicht mehr so traurig gefühlt. Als das Huhn überfahren wurde, hatte meine Mutter mich gestreichelt und gesagt, mit der Zeit würde das schon vergehen. Ich hatte es nicht geglaubt, wie auch, ich verstand ja nichts von der Zeit, wie konnte sie da die Traurigkeit vertreiben. Trotzdem stimmte es, irgendwann wachte ich morgens auf und war weniger traurig, und nach und nach hatte ich auch nicht mehr diese Albträume, in denen ein Auto, bedeckt mit so vielen Federn, dass seine Farbe nicht zu erkennen war, zu mir kam und vollgetankt werden wollte.

Mit Viviane passierte es ja vielleicht auch so, sagte ich mir. Wenn ich immer wieder zu ihrem Haus ging und die Fensterläden jedes Mal geschlossen waren, vermisste ich sie irgendwann nicht mehr. Der Unterschied war, dass ich eigentlich gar keine Lust hatte, sie nicht länger zu vermissen, ich klammerte mich richtig daran, und bestimmt war das der Grund, weshalb die Sache mit der Zeit nicht funktionierte.

Eines Abends, es war eines der seltenen Male, dass Matti den Mund aufmachte, fragte er mich, was so besonders an diesem Mädchen sei. Ich zuckte nur mit den Schultern, aber ich erinnerte mich, dass ich in ihrer Gegenwart vor nichts mehr Angst hatte, das war ein angenehmes Gefühl gewesen, und es hatte mir das Leben leichter gemacht. Nur das mit Worten zu erklären, das war viel zu kompliziert.

Die zweite Dummheit passierte mir am 17. August, an dem Tag nach dem großen Gewitter, das jedes Jahr den Sommer entzweischlägt. Dann wäscht der Regen die Hitze und den Staub weg, die Abende kühlen ab, und man schaukelt ganz sanft in den Herbst hinein. Matti und ich brachten die Schafe auf ihre neue Weide, ein Stück von der Schäferhütte entfernt, damit sich die Wiesen dahinter erholen konnten. Wir hörten einen Wagen, und wie immer versteckte ich mich hinter einer Böschung, weil wir nicht wussten, ob man noch nach mir suchte. Der Wagen hielt an und wartete darauf, dass Matti die Schafe beiseitetrieb. Als ich keinen Motor mehr hörte, richtete ich mich auf.

Das Auto hatte sich nicht bewegt, der Fahrer hatte nur den Motor abgestellt, während Matti mit seinem »Ha!« und mit Stockhieben auf die wolligen Hintern den Weg frei machte. Im Auto waren vier Personen, und die Person, die hinten saß, auf der Seite zu mir hin, drehte sich um und schaute mir direkt in die Augen.

Es war Macret. Wir starrten einander an, mir stockte der Atem, dann wandte er den Kopf wieder ab.

Er hatte mich nicht erkannt. Klar, wir hatten uns nicht gesehen, seit ich von der Schule abgegangen war, und in unserem Alter verändert man sich schnell, außerdem war ich zerstrubbelt und voller Staub, weil ich hinter den Schafen hergelaufen war. Aber er war noch derselbe wie vorher, und ich auch. Das hieß im Grunde nichts anderes, als dass es mich für Macret außerhalb der Schule gar nicht gab. Und wenn mein Erzfeind mich außerhalb des Klassenraums, auf meinem Platz in der Mitte rechts, nicht wiedererkannte, dann zählte ich für ihn überhaupt nicht mehr. Ich hatte mich von ihm verprügeln lassen, hatte mich von meinem Vater Waschlappen nennen lassen, wenn ich mit einem blauen Auge nach Hause kam, hatte mir sagen lassen, das wäre kein Blut, was ich in den Adern hätte, sondern Gnocchi-Soße, und das alles für nichts.

Es machte mich rasend. Ich weiß nicht, was in mich gefahren war, aber ich sprang schreiend hinter der Böschung hervor und donnerte mit der Faust gegen die Scheiben des Wagens. Der Mann am Steuer stieg sofort aus, das musste Macrets Vater sein, denn er sah genauso aus wie er, nur älter, er hatte dieselben bösen Augen. Matti kam sofort, zog mich zurück und warf mich hinter meinen Erdhaufen. Er war wirklich sehr stark, ich kugelte ein Stück durchs Gras, bevor ich wieder aufstehen konnte.

Dann sah ich, wie Matti mit dem Fahrer sprach, er zog einen Geldschein aus der Tasche und gab ihn dem Mann, am Wagen war nichts kaputt, schon gut, vergessen. Die Frau auf dem Beifahrersitz sah noch ganz verdattert aus, aber Macret, auf dem Rücksitz, grinste übers ganze Gesicht. Ja, das war der Macret, den ich kannte, und das beruhigte mich, unser Hass war ungebrochen. Matti trieb schließlich die Herde beiseite, und das Auto fuhr wieder los, weiter ins Tal hinunter. Wahrscheinlich kamen sie aus den Ferien, manche Bewohner der Gegend nahmen die Straße übers Plateau, um die großen Staus auf der Nationalstraße zu umgehen.

Matti stellte mir nicht eine einzige Frage, bei so was war er echt klasse. Aber erst die Sache mit der Fensterscheibe und jetzt auch noch das, kein Wunder, dass es nun zwischen uns nicht mehr ganz so war wie vorher. Ich ertappte ihn manchmal dabei, wie er mich etwas seltsam ansah, als würde er sich fragen, was er mit mir machen sollte. Ein bisschen wie meine Eltern, nur dass er nie heimlich jemanden angerufen hätte, um mich woandershin zu bringen. Nein, Matti hat nie mit mir geschimpft, mich nie geschlagen, nie etwas Böses gesagt, und das werde ich ihm nicht vergessen.

Am 26. August sagte ich zu Matti, dass ich Geburtstag hätte, und zeigte ihm den Tag auf seinem Kalender. Er gab mir einen Klaps auf den Rücken, das war's. Am Abend machte ich mir in meinem Kopf richtig viele Geschenke, einen zweiten GI Joe, dann konnte ich mit dem, den ich schon hatte, eine Armee anfangen, dazu eine elektrische Eisenbahn, und ich zündete so viele Kerzen an, dass ich die Nacht vom ganzen Plateau vertrieb. Ich war steinalt, tausend Jahre, und die kleinen Flammen leuchteten überall, es gab gar nicht genug Platz dafür im Universum. Ich blies sie alle aus, und die Nacht kehrte zurück.

Am 31. August ging ich ein letztes Mal nachsehen, ob Viviane da war.

Die Fensterläden waren immer noch zu. Aber das war auch normal, denn für normale Menschen fing die Schule wieder an. Und in dem Moment wurde mir klar, dass Viviane nicht zurückkommen würde. Mit dieser Geschichte war es vorbei.

Ja, es war Zeit für mich, aufzubrechen.

Was mir an den langen Sommerabenden bei Matti am meisten zu schaffen machte, war, dass es keinen Fernseher gab. Zu Hause hatten wir einen, einen schönen, glänzenden, ich schaute die ganze Zeit hin, meine Eltern sagten, das würde mich beruhigen. Ich mochte ihn so sehr, dass ich es auch hätte tun können, wenn er ausgeschaltet gewesen wäre, für mich war es ja leicht, ihn mit meinen eigenen Bildern zu füllen. Ich verstand einfach nicht, wie man auf einen Fernseher verzichten konnte, wenn man wusste, dass es so etwas gab. Allein der Gedanke, dass Zorro gerade seine Z auf die Bäuche von Banditen zeichnete, und ich war nicht dabei, dieser Gedanke machte mir fast Angst.

Das war meine Ausrede, als ich Matti erklärte, dass ich gehen wollte. Ich bin vielleicht kein helles Köpfchen, aber manche Dinge verstehe ich sehr gut. Ich konnte ihm nicht sagen, dass ich wegwollte, um ihm keinen weiteren Ärger zu machen. Das hätte er nicht zugelassen.

Die Sache mit dem Fernseher funktionierte, auch wenn er mich schief ansah und sich an seinem wieder nachgewachsenen Bart kratzte, als wäre er sich nicht sicher, ob er mir glauben sollte. Am Ende widersprach er nicht. Grummelgrummel, zuck-zuck, runzel, er fragte mich auf seine Weise, wohin ich gehen wollte.

Weit weg, erklärte ich, wo Viviane nicht wohnte, wo sie mich nicht quälen konnte mit ihrem verschlossenen Haus. Dann konnte ich in aller Ruhe ein Mann werden, dafür hatte ich schließlich meine Eltern verlassen. Irgendwann würde ich zurückkommen und mich um die Tankstelle kümmern, und niemand hätte etwas daran auszusetzen.

Matti lachte. Wenn ich mir wegen eines Mädchens das Leben so schwermachte, dann bedeutete das, dass ich schon ein Mann wäre, und ich könnte genauso gut dableiben. Das freute mich, und ich musste ihm einfach meinen Bizeps zeigen. Er nickte und bestätigte mir, dass das ein Männerbizeps war, keine Frage. Wir lachten alle beide.

Ich musste trotzdem fort, das wusste Matti genauso gut wie ich. Er holte eine große fleckige Karte aus einer Schublade und erklärte mir, dass da ein paar Straßen fehlten, aber für meine Zwecke würde sie reichen. Als er die Karte auseinanderfaltete, sprang mir das Blau in die Augen, die Erde und die Wälder mussten eifersüchtig sein auf dieses Blau, so unglaublich schön war es. Ich hatte das Meer in Büchern gesehen, aber noch nie in echt. Ich legte den Finger darauf, und Matti nickte, wie um mir zu sagen, dass ich gut gewählt hatte. Dann gingen wir hinaus, und er zeigte mir, wo Süden war, das Meer war da lang. Er empfahl mir, nachts zu laufen, denn wenn mich jemand irgendwo am Straßenrand entdeckte, hätte die Polizei mich im Nu geschnappt und nach Hause gebracht. Ich sollte aufpassen, mit wem ich sprach. Wenn ich Leuten wie ihm begegnete, würden sie mir helfen. Die würde ich erkennen. Ich müsste ihnen nur sagen, ich sei »ein Freund des Cousins von Amaya, einer der Pradals, der 1958 in Benidorm diesen Ärger hatte«. Das ließ er mich auswendig lernen, und dann sagte er noch, ich dürfe niemandem verraten, wo er sich aufhalte, niemandem auf der ganzen Welt, sonst bekäme ich es mit dem *Mal de Ojo* zu tun, das war offenbar eine Art Cousin vom Malocchio. Mich gruselte ein bisschen bei der Vorstellung, dass der Malocchio eine Familie hatte.

Nur die Tankstelle wollte ich vor meinem Aufbruch noch einmal sehen, ich konnte ja nicht wissen, wann ich zurückkehrte. Bei der Gelegenheit würde ich auch meine Zeitschrift ausgraben und einstecken, aber davon sagte ich Matti nichts. Er erlaubte mir, am nächsten Tag nicht zu arbeiten, und ich dankte ihm, und dann sprachen wir nicht mehr davon, wir hatten uns gesagt, was es zu dem Thema zu sagen gab.

Ich ging in aller Frühe los, bevor es zu heiß wurde, mit dem Abstieg begann ich kurz nach Tagesanbruch. Auf halbem Weg hielt ich an und aß ein Stück Käse mit einem Kanten Brot. Die Luft des Tals stieg in einem Schwall zu mir auf, wie um mich zu empfangen mit ihren Gerüchen nach Fels, nach kühlem Wasser, nach Thymian und Lkw-Diesel. Mir ging es gut, ich glaube sogar, ich habe ein paar Sekunden geschlafen, einfach so, am Rand des Abgrunds, bevor ich weiterging. Bald erschien die Tankstelle unterhalb des weißen Pfads, genau so, wie ich sie verlassen hatte.

Natürlich hatte ich nicht die Absicht, mich meinen Eltern zu zeigen, sie hätten mich nie wieder gehen lassen. Ich wollte sie nur sehen, wollte nur, dass sie wissen, dass es mir gutging. Matti hatte einen alten Stift mit seinem Taschenmesser angespitzt und auf ein Stück Papier für mich geschrieben: »Mir get es gut.« Wir fragten uns, ob das richtig geschrieben war, aber am Ende ließen wir es so. Der Zettel steckte gefaltet in meiner Tasche.

Als die Bäume aufhörten, blieb ich stehen, denn wenn ich weitergegangen wäre, hätte mich am Ende noch jemand gesehen. Die Fensterläden meines Zimmers waren geschlossen, alles war still. Es war heiß. Hier im Tal schien der Sommer noch nicht zu wissen, dass er bald gehen musste. Niemand hatte ihm etwas gesagt, und er hatte es sich bequem gemacht, ein bisschen wie ich, ohne allzu weit vorauszudenken.

Ein rotes Auto parkte bei der Garage, das war der Wagen der Metzgersfrau aus Barrême, der Witwe Ghilardi. Ich trat ein Stück zur Seite, um ins Geschäft hineinschauen zu können, und sah meine Mutter, wie sie Kekse in ein Regal räumte. Sie trug ihren gelben Rollkragenpulli, das war der, von dem ich immer elektrische Schläge bekam, wenn sie mich streichelte. Mein Herz schnürte sich zusammen, so fest, dass ich fast zu ihr hingerannt wäre. Aber irgendwie schaffte ich es, mich zu beherrschen.

Kurz danach sah ich, wie Madame Ghilardi aus der Werkstatt rauskam. Sie schaute nach rechts und nach links und zupfte an ihrem Kleid, dann stieg sie in ihren Wagen. Sie startete, würgte den Motor ab, startete noch mal und fuhr los. Mein Vater erschien jetzt auch in der Tür, schaute genau wie sie nach rechts und nach links und verzog sich wieder in seine schummrige Werkstatt.

Meine Mutter hatte mittlerweile die Regale eingeräumt. Das bedeutete, dass sie bald ihren Tee trinken würde, und schließlich verschwand sie durch die Hintertür ins Haus, das war die Tür, wo *Privat* draufstand. Mein Herz klopfte, ich machte mich klein und flitzte zum Laden. Ich konnte die Ladentür nicht öffnen, ohne dass es klingelte, also schob ich meine Nachricht nur unten durch und lief wieder zum Wald. Ich ging gleich weiter, ohne mich umzudrehen, denn wenn ich erst mal anhielt, das war meine Angst, konnte ich den Weg zurück nach oben vergessen. Ich ging immer schneller, rannte, bis ich nicht mehr konnte, und ich musste mich hinhocken, um wieder zu Atem zu kommen, weil alles brannte. Da fiel mir ein, dass meine Zeitschrift noch im Wald vergraben lag, aber es war zu spät, und auf einmal ekelte ich mich auch davor.

Während ich hochstieg, dachte ich an meine Mutter, an den schönen Duft ihres Shampoos, an ihre elektrischen Zärtlichkeiten, und mir liefen Tränen übers Gesicht. Als ich sagte, ich hätte mein Versprechen gehalten, nie mehr zu weinen, habe ich gelogen.

Ich hievte mich aufs Plateau, die Sonne ging schon unter, der Wind tat unglaublich gut. Ich war erschöpft von meinem Ausflug, und ich hatte irre Schmerzen im Bauch, aber trotzdem, auch die Schmerzen taten mir gut. Ich ging ganz langsam zurück zu Matti, lief ein Stück mit geschlossenen Augen, dann ein bisschen rückwärts, zum Schluss wieder normal.

Als ich ankam, war niemand da. Ich rief, hörte Alba hinterm Haus bellen und lief dorthin. Matti stand an der Tür der Käserei und gab gerade einem Mann, der ihm eine kleine Kiste Schafskäse abgekauft hatte, Geld zurück. Ich winkte ihm zu und ging zur Tränke, um mein Gesicht in das kalte Wasser zu tauchen. Der Mann kam mit seinem Käse an mir vorbei, wir nickten uns zu. Trotzdem passte ich auf, dass ich mein Gesicht nicht allzu deutlich zeigte.

Ich ging zu Matti in die Küche, er schnitt jetzt eine Zwiebel, und ich setzte mich wortlos hin. Helfen konnte ich ihm sowieso nicht, er hätte mir sein Messer nicht gegeben. Er ließ die Zwiebelringe in eine Pfanne mit Olivenöl gleiten und wischte sich die Hände ab. Während die Zwiebeln brutzelten, zündete er sich auf der Schwelle eine halbe Zigarette an.

Er nahm den ersten Zug, als wollte er das ganze Plateau aufsaugen, und ließ den Rauch durch die Nase rausqualmen. Matti wusste, dass ich das lustig fand, es sah aus, als würde es bei ihm innen drin brennen. Dann drehte er sich zu mir und sagte:

»Der *gadjo*, der den Käse gekauft hat. Das ist der Vater von deiner Freundin.«

Früher, ich meine, als ich noch nicht ausgerissen war, hätte ich geschrien oder wie verrückt gelacht, oder ich hätte Panik gekriegt, irgendeinen dieser Anfälle, die ich bekam, wenn mich etwas aufwühlte. Offenbar hatte ich mich aber geändert, denn ich blieb ruhig. Ich nickte nur und setzte mich an den großen Holztisch.

Komischerweise musste ich an ein Theaterstück denken, das ich mal im Fernsehen gesehen hatte. Es war direkt nach meiner Zorro-Folge gelaufen, und ich verstand nichts, aber ich hatte weitergeschaut, weil mir langweilig war. Vor allem die Szenenwechsel mochte ich. Die großen Städte, die in die Kulissen verschwanden, die Gebirgstäler, die zu plattem Land wurden, und wie dieser Tag, der nie zu Ende ging, plötzlich von einem Nachtvorhang, *ratsch, argh*, enthauptet wurde. Das war großartig.

Und genau das lief jetzt in meinem Kopf ab. Als ich beschlossen hatte, fortzugehen, hatte das Bühnenbild mit Viviane sich gedreht und Platz gemacht für das nächste, ein fernes Meer, eine Straße auf dem Rücken der Hügel, ein Lager, in dem schweigende Reisende mich mit offenen Armen empfingen, weil ich ein Freund von Matti war. Und jenseits des Meeres, wer wusste das schon? Bestimmt wartete irgendwo hinter den Kulissen ein weiteres Bühnenbild darauf, dass ich es hervorzog.

Doch Mattis Worte stießen alles um, auf einen Schlag kehrte das Bild mit Viviane zurück, quietschend und knarrend, es schob mein Meer von der Bühne und zeigte wieder das gelbe Plateau, die bleierne Sonne und die frischen Quellen, die Geisterhöhle und meinen Schafstall mit dem Loch im Dach, Mattis Hütte mit seinen Schafen wie Wolken.

Trotzdem muss ich ein komisches Gesicht gemacht haben, denn Matti füllte mir ein Glas halb voll mit seinem Schnaps, und ohne zu überlegen trank ich es in einem Zug aus. Zuerst spürte ich nichts, aber dann explodierte in meinem Magen eine Feuerkugel, mit einem Heulen jagte sie mir durch die Kehle. Es war schrecklich und wunderbar zugleich, ich verstand jetzt besser, warum er das so mochte. Ich schaute auf das Glas, wollte noch eins bekommen, aber Matti schüttelte den Kopf.

Wir aßen die Zwiebeln auf einer Scheibe Brot, sie waren ein bisschen zu sehr gebräunt, aber trotzdem gut. Mit einem Schluck frischem Wasser spülten wir sie hinunter. All das schweigend. Seit er mir mitgeteilt hatte, dass die Königin Viviane, oder zumindest ihre Familie, zurückgekehrt war, hatte ich kein Wort gesagt.

Ich wischte mir die Lippen mit dem Ärmel ab, stand auf und ging zu dem Rechteck aus violettem Himmel, das als Tür diente. Matti fragte mich nicht, was ich vorhatte, und ich sagte ihm nicht, dass ich zum Schloss wollte, um nachzusehen, ob Viviane da war. Es lohnte sich nicht, Dinge auszusprechen, die uns beiden klar waren.

Als ich hinkam, wurde es schon dunkel. Der Anblick war für mich ein Schock, denn alle Fenster standen offen und waren erleuchtet. So wie der nahe Wald das Ferienhaus umarmte, sah es tatsächlich fast aus wie ein Schloss. Davor parkte ein blauer R4, ich erkannte ihn sofort wieder, das war das Auto, das am Morgen meines Aufbruchs an der Tankstelle gehalten hatte.

Ich war von der Waldseite gekommen, damit niemand mich bemerkte, schließlich hatte ich Viviane versprochen, nicht herauszufinden, wo sie wohnte, und jetzt brach ich mein Versprechen. Zuerst sah ich nur den Mann, dem ich vorher schon begegnet war, ihren Vater, er lud etwas aus, und ich hörte auf zu atmen. Jetzt war mir alles klar. Er war allein gekommen. Die Schule hatte wieder angefangen, Viviane konnte nicht da sein. Ich lehnte mich mit der Stirn an die Rinde einer Kiefer und sah zu, wie eine Ameise ein Körnchen schleppte. Ich glaube, wenn ich ein Streichholz gehabt hätte, hätte ich sie verbrannt, so traurig war ich.

Aber dann erschien sie auf einmal, besser gesagt, ihr Schatten an einem Fenster im oberen Stock. Mehr brauchte ich nicht, um sie zu erkennen. Aus meinem Versteck hinter dem Baum beobachtete ich eine ganze Weile ihren dunklen Umriss, ich hatte keine Mühe, ihn zu füllen, ihn auszumalen mit allem, was ich an ihr mochte, und erst am Ende fügte ich den Schuss Verrücktheit in ihren Augen hinzu.

Das Licht ging aus. Ich blieb noch ein bisschen, damit sie nicht allein einschlafen musste. Dann ging ich zurück zu meinem alten Haus, zu dem Schafstall, wo ich mich mit Viviane getroffen hatte. Ich nahm ein paar der eingestürzten Steine und legte sie in Form eines großen Pfeils vor dem Stall aus. Der Pfeil sollte auf Mattis Hütte deuten, nur war er ziemlich krumm, und ich versuchte ewig, ihn gerade hinzukriegen, aber es war stockdunkel. Egal, es gab ja nichts anderes in dieser Richtung, das konnte man kaum verfehlen. Wenn Viviane am nächsten Tag kam, würde sie sofort verstehen, wo ich zu finden war.

Ich ging zurück zu Mattis Hütte, legte mich ins Bett, mit einem strahlenden Lächeln, und schloss die Augen. Sofort schlug ich sie wieder auf und machte meinen alten Trick, zwinker-zwinker-zwinker, um das Unglück nicht herauszufordern, jetzt, wo langsam alles besser wurde. Es lohnte sich nicht, so nah am Ziel überheblich zu werden.

Am nächsten Tag kam sie nicht. Ich war so ungeduldig, dass ich mit den Schafen allen möglichen Unsinn trieb, eins hat mich sogar gebissen. Matti brummte irgendwann, dass es wohl besser wäre, wenn ich gar nichts machte. Für mich war das kein Problem, das Warten beschäftigte mich schon genug, und mich auf zwei Dinge gleichzeitig zu konzentrieren war mir schon immer schwergefallen.

Am Abend sagte Matti, ich solle mir keinen Kopf machen. Na ja, er sagte es auf seine Weise, mit so wenig Worten wie möglich. Frauen seien nun mal seltsam. Das wusste ich schon, aber es tröstete mich trotzdem. Vielleicht waren sie ja einkaufen gefahren, und deshalb war Viviane nicht gekommen. Andererseits konnte sie nicht für lange Zeit da sein, weil sie eigentlich in der Schule sein musste, wozu also einen kostbaren Tag verlieren. Aber wir hätten den Nachmittag zusammen in der Höhle verbringen können, hätten uns alles erzählen können, was wir seit dem letzten Mal gemacht hatten. Und zu erzählen hatte ich einiges. Wie ich der Polizei entwischt war, wie ich ihren Brief zerrissen hatte, wie ich beinahe gestorben wäre vor Hunger-Durst-Sonnenstich, wie ich auf dem Kalender die Tage gezählt hatte und Macret begegnet war, wie ich die Tankstelle und meine Eltern wiedergesehen hatte, Alkohol getrunken, die Schafe versorgt, wie ich beschlossen hatte, zum Meer zu gehen. Und sie hätte mir erzählt, dass sie sich gelangweilt hätte, dass sie sich dabei neue Spiele ausgedacht hätte und dass es ihr leidtue, mir diesen blöden Brief geschrieben zu haben, den ich nicht lesen konnte, und wenn ich wollte, könnte ich zu ihr nach Paris kommen und bei ihr zu Hause wohnen, sie hätte schon mit ihren Eltern gesprochen, die wären einverstanden.

Am Tag darauf kam sie auch nicht. Jetzt hatte ich endgültig die Nase voll vom Warten, von diesem bitteren Gefühl, das den ganzen Sommer vor sich hin geköchelt hatte, und diesmal beschloss ich, die Sache selber in die Hand zu nehmen.

Am dritten Tag nach Vivianes Rückkehr zog ich in aller Frühe los und versteckte mich im Wald, dort konnte ich das Haus heimlich beobachten. Ihr Vater kam heraus, um Holz zu sägen. Er war ein kleiner, nervöser Mann und machte nicht den Eindruck, als ob er sich wohlfühlte. Das Plateau und die Berge waren wie ein Kleidungsstück, das ihm ein paar Nummern zu groß war, ich rechnete jeden Moment damit, dass er darüber stolperte.

Kurz vor Mittag dann, ich lehnte gerade an einem Baum und döste vor mich hin, hörte ich Stimmen. Viviane und ihre Mutter kamen aus der Tür und nahmen den Weg, der gleich beim Haus begann. Sie kürzten über die Wiese ab, folgten einer Spur im Gras, und da bemerkte ich die kleine Holzkiste, die aus ihrem Einkaufskorb hervorschaute. Sie gingen zu Matti, um neuen Käse zu kaufen.

Sie hatten einen ordentlichen Vorsprung, und natürlich durfte ich mich nicht sehen lassen, aber ich musste vor ihnen da sein, egal wie. Viviane wusste nicht, dass ich bei Matti arbeitete, mich dort zu sehen wäre für sie eine Riesenüberraschung. Ich würde so tun, als wäre es mir piepegal, würde sie kaum beachten, und dann würde ich so tun, als ob ich mich erinnerte: »Ach ja, du bist die, mit der ich mal gespielt habe … Wie heißt du noch mal?«

Ich machte einen gewaltigen Umweg, rannte wie verrückt. Matti schaute wortlos zu mir, als ich angedüst kam und mich vor Erschöpfung fast auf den Boden geschmissen hätte. Ich hatte es gar nicht so schlecht hingekriegt, ihre beiden Gestalten erschienen jetzt dort, wo die Wiese an den Himmel stieß, mir blieb gerade noch Zeit, mich auszuziehen, in die Tränke zu springen und mich abzutrocknen. Mein T-Shirt war durchgeschwitzt, aber egal, ich zog es wieder an. Rasch strich ich mir die Haare nach hinten, um Don Diego möglichst ähnlich zu sehen, dann lehnte ich mich an eine Wand und schaute auf meine Fingernägel.

Im selben Moment kamen sie um die Hütte herum und gingen auf die Käserei zu. Viviane trug die blaue Strickjacke, die ihr so gut stand. Ihre Haare waren ein Stück gewachsen seit dem letzten Mal, und die Strähne war zu einem struppigen Büschel verwuschelt, damit sah sie echt wild aus. Die Augen darunter waren noch dieselben, Augen, die alles niederbrannten. Ihre Mutter ähnelte ihr, auch sie war sehr hübsch und sehr schlank, aber ohne diese Energie, neben Viviane fiel sie kaum auf.

Ich schaute wieder auf meine Fingernägel und fügte meiner Nummer von einem, dem alles schnuppe ist, noch ein Pfeifen hinzu. Ganz schön clever, dachte ich, so wirkte es richtig lässig. Vivianes Mutter lächelte mir zu, Viviane sagte: »Oh, guten Tag, wie geht's?«, und dann setzten sie ihren Weg fort und beachteten mich nicht weiter.

Mit meinen Fingernägeln und meinem Pfeifen stand ich da wie der Obertrottel. Mir war, als würde ich noch einmal die Szene mit Macret durchmachen, nur dass ich diesmal genau wusste, dass Viviane mich erkannt hatte. Ich rief »He!«, rannte los und holte sie ein.

Die beiden drehten sich um, in ihren Gesichtern war das gleiche Lächeln. Wir schauten uns an, ohne etwas zu sagen, schließlich runzelte die Mutter die Stirn, und ich sagte zu Viviane:

»Ich bin's, Shell! Wir haben zusammen gespielt.«

Viviane sagte:

»Ja, ich erinnere mich. Das war nett.«

Dann nickte sie und ging weiter auf die Käserei zu. Ich hörte noch, wie ihre Mutter sie fragte: »Wer ist der denn?«, und Viviane zuckte mit den Schultern. Sie gingen in den Schuppen hinein, ich blieb allein draußen stehen. Kurz darauf hörte ich sie lachen.

Wenn ich daran zurückdenke, schäme ich mich. Ich hasste Viviane. Ich *verschwendete meine Zeit* damit, sie zu hassen.

Aber so war es. Ich hasste sie mit derselben Kraft, mit der ich sie, meine beste Freundin, so gemocht hatte, hasste sie so sehr wie Macret. Sogar mehr noch, denn der hatte mich wenigstens nicht verraten. Macret hatte sich immer über mich lustig gemacht, hatte mich schlechtgemacht, geschlagen, vor den anderen gedemütigt. Aber das war normal, in dem Punkt waren wir uns einig, daran änderte sich nichts. Wir taten nicht so, als würden wir uns heute mögen und am nächsten Tag nicht mehr kennen.

Ich stellte mir vor, sie zu töten, so wie Macret, aber dabei war mir, als würde mir jemand den Bauch zerquetschen, ich fiel auf die Knie und stöhnte, zum Glück sah mich keiner. Ich konnte Viviane nichts antun, allein bei dem Gedanken wehrte sich mein ganzer Körper. Am liebsten hätte ich gekotzt. Ich stand auf und ging los, egal wohin, Hauptsache, ich war nicht da, wenn sie wieder rauskam.

Viviane hatte mir wehgetan. Das war ich gewohnt, die Menschen in meiner Umgebung hatten mir schon wehgetan, als ich noch ganz klein war, oft nicht mal absichtlich. Wer weiß, vielleicht war es bei Viviane ja auch keine Absicht gewesen.

Aber das änderte nichts, ich war wütend, und um ihr das zu zeigen, sah ich keine andere Möglichkeit, als ihr Zimmer zu verwüsten.

Ich hatte keinen klaren Plan, als ich zu Vivianes Haus kam, aber das Glück war auf meiner Seite. Ihr Vater fuhr gerade mit seinem R4 in Richtung Tal. Vorsichtshalber wartete ich, bis der Wagen nicht mehr zu sehen war. Ich war den ganzen Weg gerannt, trotzdem war ich nicht mal außer Atem. Auf dem Plateau hatte ich einen richtig durchtrainierten Körper bekommen.

Ich ging um das Haus herum. Ich dachte, ich müsste eine Scheibe einschlagen, um reinzukommen, aber das brauchte ich nicht. Im ersten Stock stand ein Fenster offen, so ein quadratisches Dachfenster, und das Rohr von der Dachrinne führte daran vorbei. Wie ein Affe kletterte ich an dem Rohr hoch, schlüpfte durchs Fenster und fand mich auf dem Boden eines kleinen Badezimmers wieder, es roch noch ganz neu. Der Geruch erinnerte mich daran, wie wir auf der Tankstelle die Toilette renoviert hatten, statt der alten Tapete hatten wir Wandfliesen verlegt, mit Palmen drauf. Mein Vater meinte, wo wir schon so viel Zeit dort verbrachten, könnten wir auch so tun, als wären wir am Strand. Da mussten wir lachen, klar.

Ich trat auf den Flur, dort waren nur zwei weitere Türen und eine Treppe, die in den Teil aus Stein hinunterging. Die erste Tür führte in ein Zimmer, wo nichts aufgeräumt war, mit einem großen offenen Koffer, Männer- und Frauensachen durcheinander. Das Bett war nicht gemacht, und es war so unordentlich, dass ich die Tür gleich wieder zumachen musste. Dann machte ich sie doch noch mal auf, aus Neugier, um zu sehen, ob sich das Zimmer verändert hatte, aber es war immer noch dasselbe. Ich wusste natürlich, dass das alles geflunkert war, diese Geschichte mit den Zimmern, die sich von allein bewegten. Auch der Kronleuchter war kein bisschen aus Mondstein, das war bloß eine Glühbirne, die an zwei dünnen Kabeln von der Decke hing.

Das zweite Zimmer war schön aufgeräumt. Kein Wunder, das war Vivianes Zimmer, ich erkannte sofort ihr Kleid über einer Stuhllehne. Hier roch es genauso neu, ein bisschen auch nach einem Wundmittel, das mochte ich weniger, und ich rümpfte die Nase. Es erinnerte mich an den Sanitätsraum in der Schule. Nach jeder Tracht Prügel hatte man mich dort hingebracht, Madame Giacomelli hatte extra für mich sogar ein Mittel zum Desinfizieren, das weniger brannte, aber gebrannt hat es natürlich trotzdem.

Viviane hatte ihr eigenes Badezimmer. So was nannte man wohl »exklusiv«, dachte ich und stieß einen bewundernden Pfiff aus. Als ich aus dem Fenster schaute, sah ich, dass ich richtig geraten hatte, es war das Zimmer zum Wald hinaus.

Nur leider ähnelte es überhaupt nicht, nicht das kleinste bisschen dem Zimmer, das ich mir vorgestellt hatte. Das war kein Mädchenzimmer. Ich selber hatte auf der Tankstelle ein richtiges Jungenzimmer, mit Modellautos, dem GI Joe der Amis, den Flugzeugen auf meinen Kissenbezügen und einem schönen Poster, darauf stand »Kein gutes Essen ohne Amora« (was stimmte). Hier gab es überhaupt keine rosa Sachen, keine Puppen, keine Blumen. Es gab nur ein Bett, einen Schreibtisch, einen Schrank und überall dieses frische

Holz, das noch nach feuchtem Wald roch. In so einem Zimmer hätte auch irgendwer wohnen können.

Ich ging zum Tisch, da lagen ein Federmäppchen und ein Hausaufgabenheft. Ich erkannte sofort Vivianes Schrift, sie neigte sich genau so, wie man sich vorbeugt, wenn man einen Hang hinunterläuft, immer schneller, um nicht zu stürzen. Sie hatte nur eine halbe Seite vollgeschrieben, der Rest des Hefts war leer. Ich nahm das Federmäppchen, wollte es auf den Boden werfen, danach würde ich den Tisch umkippen, den Schrank, würde ihr Bett zerwühlen und alles im Zimmer durch die Luft schmeißen.

Aber dann legte ich das Federmäppchen vorsichtig wieder zurück. Irgendwo auf dem Weg hierher hatte ich meine Wut abgelegt, sie musste noch im Gras liegen und in der Sonne trocknen, denn sie war nicht mehr bei mir, drückte mir nicht mehr auf die Stirn und auf die Schultern. Deshalb habe ich auch Vivianes Zimmer nicht verwüstet, habe nichts durcheinandergebracht oder kaputt gemacht oder umgestoßen. Ich habe mich nur auf die Bettkante gesetzt. Das war besser so.

Ein Geräusch weckte mich. Zuerst verstand ich nicht, wo ich war. Ich richtete mich auf, unter meinem Hintern spürte ich Vivianes Bett. Ach ja, klar, ich erinnerte mich wieder. Ich hatte mich hingelegt, um ein bisschen nachzudenken. Und hatte für eine Sekunde die Augen geschlossen, weil sie brannten, sie mussten sich ausruhen.

Ich war eingeschlafen, ohne es zu merken. Offenbar für eine ganze Weile, denn die Sonne schien nicht mehr ins Zimmer. Dummkopf. Ich hörte Stimmen auf der Treppe, die

Dielen des Absatzes knarrten, und Schritte kamen auf die Tür zu, Füße, die ein bisschen schlurften. Ich sprang aus dem Bett, in Panik, drehte mich um mich selbst. Die Tür ging auf.

Viviane zuckte zusammen, als sie mich sah, hielt sich die Hand vor den Mund, und ich erstarrte und stand da wie dieser arme Fuchs damals im Visier meines Vaters. Ich schaute zum Fenster, zur Tür, wäre am liebsten unters Bett gerutscht und hätte mich dort verkrochen, hätte die Augen geschlossen, damit alles verschwand und niemand mich finden konnte.

Sie machte die Tür hinter sich zu und schaute wieder zu mir. Ich atmete mit einer Geschwindigkeit, dass ich Lichter sah. Nie zuvor war sie so schön gewesen, so sehr Königin wie jetzt, in ihrer blauen Strickjacke unter ihrem blonden Haar, und noch nie war ich mir so dämlich vorgekommen, so schmutzig auch, so sehr wie Sergeant Garcia.

»Was machst du denn hier?«, fragte sie.

Ich sah, dass sie wütend war, aber als sie dann sprach, war sie ganz ruhig, sie sprach mit ihrer schönen rauen Stimme, und das machte mir noch mehr Angst.

Ich brummte irgendwas, blinzelte wie verrückt, drehte mich einmal um mich selbst. Sie trat auf mich zu, packte mich an den Armen und schüttelte mich:

»Du hast deinen Schwur gebrochen.«

Da bin ich explodiert.

»Nein! Du hast mich verlassen! Du bist die Verräterin!«

Sie biss sich auf die Lippe, die wurde ganz weiß, und dann ging sie an mir vorbei zum Fenster und schaute hinaus. Ihre

Mutter stand in dem kleinen Gemüsegarten neben dem Haus und jätete Unkraut, Viviane machte mir klar, ich sollte leiser sprechen.

»Ich habe dir einen Brief dagelassen. Darin habe ich dir erklärt, dass wir früher als gedacht nach Paris zurückfahren.«

Natürlich war jetzt ich wieder der Vollidiot, aber auf keinen Fall wollte ich ihr sagen, dass ich es nicht geschafft hatte, ihren Brief zu lesen. Also flunkerte ich, darin war ich mittlerweile richtig gut.

»Den habe ich nicht gefunden.«

»Hast du die Linsen gefunden?«

Ich überlegte mit hundert Sachen, meine Güte, war Lügen kompliziert.

»Die Linsen ja. Aber nicht den Brief.«

Sie kam wieder zu mir, zitterte fast. Als ich die Augen niederschlug, sah ich, dass sie ihre linke Faust vor Wut ballte, während ihre rechte Hand merkwürdigerweise geöffnet war.

»Ich hatte dir gesagt, du darfst nie versuchen, mich zu finden.«

»Aber ich wollte dich sehen.«

»*Ich* komme zu dir. Du solltest warten! Du hattest es versprochen, du bist ein Lügner!«

»Du bist die Lügnerin! Dein Schloss, na, wo ist es denn? Das mit den Zimmern, die ihre Plätze wechseln, und den Matratzen voller Erbsen von der Sonne?«

»Das ist hier!«, rief sie und breitete ihre Arme aus. »Hast du das nicht verstanden?«

Sie warf einen Blick zum Fenster, und dann sprach sie leise weiter, aber noch genauso wütend:

»Das Schloss ist hier, überall um dich herum! Du siehst es bloß nicht, weil du hergekommen bist und den Zauber gebrochen hast. Du hast es angeschaut, dadurch ist alles wieder normal geworden.«

Ich schwieg, ich fühlte mich wirklich elend. Es stimmte, sie hatte mich gewarnt. Alles, was sie erzählte, war logisch.

»Aber du bist eine Königin«, murmelte ich. »Du könntest ...«

»Damit ist es vorbei, mit allem. Ich bin wieder genauso wie alle anderen, ein stinknormales Mädchen. Der Zauber ist gebrochen. Geh jetzt wieder nach Hause, es ist vorbei.«

Ich protestierte, für mich war sie trotzdem eine Königin. Viviane lachte böse, und dann antwortete sie, wenn ich das glaubte, hätte ich wirklich nichts kapiert.

Ich wollte auf sie zugehen, aber sie sprang zurück, und ich auch, so sehr erschreckte es mich. Zum Glück hatte sie kein Gewehr, ich glaube, sonst hätte sie mich getötet.

»Kommst du mich besuchen?«, fragte ich.

Viviane schaute nur auf den Boden, schüttelte den Kopf und sagte noch einmal:

»Geh nach Hause.«

Dann verschwand sie in ihr Luxusbadezimmer, und ich hörte, wie sich der Schlüssel drehte.

Ich ging durch die Vordertür hinaus und dann sofort zu Matti. Ich war traurig, was sonst. Aber irgendwie fühlte ich mich besser. Viviane hatte mir einen Brief geschrieben, um mir zu sagen, dass sie wegfuhr, sie hatte mich nicht verlassen. Ich selber hatte alles verdorben, als ich den Brief zerriss, denn wenn ich das nicht getan hätte, hätte ich Matti später bitten können, ihn mir vorzulesen. Ich wäre nicht zum Schloss gegangen, hätte es nicht zerstört mit meinem Blick, der den Zauber brach. Ich nahm es hin, wie es war, das war besser, als etwas nicht zu wissen, besser, als von meinem Gehirn zu verlangen, dass es etwas verstand, was für dieses Gehirn zu groß war. Ich selber hatte Viviane verraten, nicht umgekehrt. Und zu wissen, dass es meine Schuld war, beruhigte mich, denn immer war alles meine Schuld gewesen, das war ich gewohnt, das war genauso bequem wie mein alter Schlafanzug aus grünem Samt.

Und während ich durch die verdorrten Halme lief, die mir in die Knöchel stachen, glitt ich, nehme ich an, langsam aus der Kindheit heraus, um ein Mann zu werden. Alles war im Grunde ganz einfach, sagte ich mir. Ich musste nur Vivianes Wut genauso lieben wie ihre Freundschaft. Beides war schön, weil beides von ihr kam. Man musste es nur richtig betrachten.

Als ich ankam, erzählte ich Matti alles. Er sagte, bei seinen Leuten gebe es auch eine Königin, das kenne er gut. Königinnen seien schwierig, da könne man nichts machen.

Ich sagte ihm, dass ich am nächsten Morgen aufbrechen würde, und er zuckte mit den Schultern, das war seine Art, »na gut« zu sagen. Er drehte sich um und ging, kam dann noch mal zurück, zog sein schönes Taschenmesser aus Horn hervor und drückte es mir in die Hand. Wir mussten uns gar nicht anlächeln, in Gedanken taten wir es beide ganz fest.

Ich ging meine Sachen packen, das heißt meine Shell-Jacke, und in meinem Kopf fing ich an, die Bühnenbilder zu drehen, um wieder das Meer nach vorn zu holen.

Aber das war ganz schön schwer.

Ich wollte, dass es regnete. Wollte es so sehr, dass ich, als der Regen dann kam, nicht mehr wusste, wie ich ihn aufhalten sollte. Es war ein mächtiger Regen, rosa, grün, blau, er nahm die Farbe eines Nichts an, betäubte die Vögel. Keine Ahnung, wie lange es regnete. Die alten Leute sagten, so etwas hätten sie noch nie gesehen. Sie sprachen von ihren Vorfahren und von Gott und vom Himmel und von allem Möglichen, außer vom wahren Grund für den Regen: von mir. Ich hatte ihn herbeigerufen, um alles wegzuspülen, und so stand ich dort, mitten auf dem Plateau, lachte und lachte, und in wütenden Fluten riss das Wasser alles mit ins Tal, all meine Feinde, all diejenigen, die nie an mich geglaubt hatten, und ich sah einen Clownsschuh vorbeischwimmen, adieu Malocchio!, dann ein kleines blaues Kleid, und ich versuchte alles anzuhalten, aber es war zu spät, also stürzte ich mich hinein, um es zu retten.

Ich richtete mich im Bett auf, sog tief die Luft ein, um nicht zu ertrinken. Draußen regnete es in Strömen, ich hatte Tropfen ins Gesicht abbekommen, weil ich genau unter dem Fenster schlief und vergessen hatte, den Laden zuzuziehen. Als ich wieder normal atmen konnte, kniete ich mich auf die Matratze und schaute mir das Gewitter an. Bei jedem Blitz war das Plateau zu sehen wie am helllichten Tag. Der Sommer machte sich noch ein Stück weiter aus dem Staub.

Ich hatte immer gerne dem Regen zugehört, verkrochen

am Ende des Betts, wo ich das Gefühl hatte, dass mir nichts passieren konnte. Dabei dachte ich an die armen Kaninchen und die Füchse und die Vögel, die bestimmt beteten, dass es aufhörte. Aber wenn es so schüttete, dauerte es zum Glück nie lange. Bei meinem Aufbruch morgen würde sicher die Sonne scheinen.

Wieder blitzte es, und ich schrie, weil in dem Moment Viviane in der Hütte erschien. Matti kam nicht aus seinem Zimmer, um nachzusehen, was los war, aber vor dem Schlafengehen hatte ich gesehen, wie er seine Flasche mitnahm, das wunderte mich also nicht. Viviane war noch genauso angezogen wie am Morgen, nur dass sie klatschnass war, ich musste an eine Folge von *Tom und Jerry* denken, in der Tom sein Fell auszog, um es auszuwringen. Die Haare klebten Viviane im Gesicht, und unter ihren Füßen war eine Pfütze. Sie atmete schnell, ihre eine Hand war zur Faust geballt und die andere offen. Sie war immer noch wütend, immer noch genauso stark, und ich schaute sie an, ohne etwas zu sagen, als wäre ihre Anwesenheit völlig normal.

»Willst du wirklich, dass ich wieder deine Königin bin?«, fragte sie.

Klar doch, sagte ich. Klar doch, ja.

»Bist du bereit, alles zu tun, um es zu beweisen? Egal was?«

Ohne auf meine Antwort zu warten, ging sie wieder raus. Ich zog mir meine Shell-Jacke über, schlüpfte in meine Schuhe, die andere Sohle hatte sich jetzt auch abgelöst, und ich konnte nicht mehr erkennen, wo rechts und wo links war. Ich folgte ihr.

Es regnete schon weniger stark, wir waren unter dem Schwanz des Gewitters. Beinahe hätte ich Viviane gefragt, wohin wir gingen, aber ich beherrschte mich. Ich war einfach nur froh, mit ihr zusammen zu sein, so wie vorher, es brachte nichts, alles mit meinen idiotischen Fragen zu verderben. Stattdessen sagte ich nur:

»Ich habe geträumt, dass es regnet. Vielleicht habe ich ja auch Kräfte. Wie du mit dem Wind.«

Sie lief weiter, ohne zu antworten, vielleicht hatte sie mich nicht gehört. Zuerst dachte ich, wir würden zur Höhle gehen, aber sie sagte mir nicht, ich solle mich um mich selbst drehen. Es war kaum zu erkennen, wo wir unsere Füße hinsetzten. Ja, so dunkel war es auf den Plateaus in den Bergen, so stockfinster, dass es überhaupt nichts mehr gab zwischen den Blitzen, nur noch uns beide. Und wir beide in einer solchen Nacht, da hätte man leicht glauben können, es gäbe uns gar nicht wirklich, wir würden uns einander nur ausdenken, um glücklich zu sein.

Bald kamen wir an eine Stelle, die ich wiedererkannte, eine Art Hügel, der in der Mitte des Plateaus aufragte und höher war als die anderen, mit einer verfallenen Mauer obendrauf. Viviane hatte mich zu Beginn des Sommers dort hingeführt, das war eine der Stellen, wo wir immer spielten, sie nannte es den Büßer. Auf der einen Seite kam man über einen sanften Hang hinauf, auf der anderen Seite ging es senkrecht hinab, und unten war eine Felsplatte. Viviane sagte, das müssten mindestens zwanzig Meter sein.

Sie hatte mir erklärt, dass es zwar aussehe wie ein Hügel, aber in Wirklichkeit sei das ein Riese, und sie habe ihn in Stein verwandelt, weil er sehr unhöflich zu ihr gewesen sei. Sie hatte mir nicht sagen wollen, was er gemacht hatte. Daraus schloss ich, dass er versucht haben musste, ihr unter den Rock zu gucken, denn ich konnte mir nicht vorstellen, was man einem Mädchen Unhöflicheres antun konnte. Der Riese war einfach umgefallen, auf die Seite, und dann war Gras auf ihm gewachsen. Viviane sagte, eines Tages würde sie ihm vielleicht seine normale Gestalt zurückgeben, aber erst mal sollte er darüber nachdenken, was er getan hatte.

Wir stiegen auf den Büßer hinauf. Ich rutschte im Gras aus und fiel hin, bestimmt war mein Knie aufgeschürft, aber Viviane hielt nicht an, also tat ich, als hätte ich nichts gespürt, und holte sie wieder ein. Wir gingen bis ganz oben und standen dann schweigend am Rand, während der Regen nachließ, unter unseren Füßen die zwanzig Meter Abgrund. Viviane schaute geradeaus und zog ihren Kopf tief zwischen die Schultern. Schließlich sprach sie.

»Ich kann nur durch ein Opfer wieder Königin werden.«

Ich sagte:

»Hm?«

»Wenn du willst, dass ich wieder deine Königin bin, musst du deinen Gehorsam beweisen. Du musst springen.«

Ich schaute nach unten, alles war schwarz, nicht mal die Felsplatte war zu sehen, meine Güte, war das hoch, ich war noch nie von so hoch gesprungen, bei so was konnte man sich den Hals brechen.

»Wenn ich springe, ist alles wieder wie vorher?«, fragte ich, nur um sicher zu sein.

»Ja.«

Ein Blitz durchstach den Horizont, ein richtiger Hexenblitz, verdreht und böse, er steckte für einen Moment in der Erde und zeigte mir alles ganz deutlich. Die großen Regenmurmeln im Gras. Die Erde, die trank und trank, so viel sie konnte. Den Glimmer, der am Felsen glitzerte und den ich lange für Gold gehalten hatte, bis meine Eltern ein Donnerwetter losließen, als sie all die Steine entdeckten, die ich unter meinem Bett gehortet hatte.

Ein Teil von mir sagte, tu's nicht, dümmer kann keiner sein, aber im Grunde war das, was Viviane von mir verlangte, logisch, und ich mochte alles Logische. Ich schaute zu ihr, sie schaute zu mir, das Kinn ein bisschen vorgereckt. Ihre Lippen bewegten sich, wie um etwas zu sagen, aber dann presste sie sie zusammen und brachte sie endgültig zum Schweigen. Also beschloss ich, auf die Stimme der Vernunft zu hören, und machte einen großen Schritt nach vorn.

Ich weiß nicht, ob Viviane wirklich damit gerechnet hatte, dass ich sprang, denn sie schrie, versuchte mich zurückzuhalten, ich spürte, wie ihre Finger meinen Ärmel streiften, während ich mich ins Dunkel lehnte und langsam darin versank. Es war ein angenehmes Gefühl, wie das Fliegen im Traum, ich sah Vivianes Gestalt schräg vorbeiziehen, hoch oben, dann Sterne.

Auf einmal hatte ich Angst, so große Angst, dass ich für einen Moment vergaß, was ich dort machte, dass ich nämlich fiel wie der letzte Depp. Ich hoffte, dass es einen guten Grund dafür gab und dass ich nicht eine meiner Dummheiten begangen hatte wie auf den Berg gleich hinter der

Tankstelle zu klettern, sonst würde ich am Ende eine verdammte Tracht Prügel beziehen. Ich rollte mich zusammen, machte mich klein.

Irgendwann verging die Angst, und ich erinnerte mich wieder. Ich fiel in die Sterne, das war so schön, dass es mir den Atem nahm. Am liebsten hätte ich angehalten, um sie mir anzusehen, ich versuchte sie zu greifen, aber das war unmöglich. Ich drehte mich ein letztes Mal um mich selbst und riss große Stücke vom Himmel mit. Dann spürte ich etwas Festes in meinem Rücken, ich wurde lang und länger, es kam mir vor, als würde ich auf der einen Seite die Berge berühren und auf der anderen den Rand des Plateaus.

Plötzlich wurde ich wieder kürzer, ich machte ein Geräusch wie eine Heugabel, die gegen Stein schlägt, und es tat weh. Der Schmerz war so gewaltig, dass er keine Farbe hatte, er war grellweiß, blendete mich. Alle Luft, die ich seit meiner Geburt eingeatmet hatte, kam mit einem einzigen Stoß heraus, und andere Sachen auch, die Lügen, die Beschimpfungen, der Geschmack von Schokolade mit Kerzenwachs, von Zichorienkaffee, das Rot der Marienkäfer und das Gefühl, Watte zu berühren, alles schoss heraus und ließ mich leer zurück. Ich hörte Schreie, das Patschen von nassen Schritten, und über mir erschien Vivianes Gesicht. Sie weinte, Gewittertränen und echte Tränen, sie vermischten sich auf ihren weißen Wangen.

»Entschuldige, entschuldige, entschuldige«, rief sie. »Entschuldige, Shell, ich wollte nicht … Das war grausam.«

Da machte es bei mir klick, ich verstand jetzt, was das Wort *grausam* bedeutete und warum dieser Typ mich damals auf der Tankstelle »grausames Arschloch« genannt hatte. Nie wieder würde ich ein Insekt anzünden.

Viviane weinte weiter, murmelte etwas, was ich nicht verstand. Sie wollte mir aufhelfen, aber ich schrie, solche Schmerzen hatte ich. Dann wurde es ein bisschen schwarz, und als ich die Augen wieder aufschlug, hatte Viviane sich über mich gebeugt, sie hatte ihre blaue Strickjacke ausgezogen und wollte sie mir auf die Stirn drücken.

Da sah ich ihren Arm, er war bis zur Schulter voller blauer Flecken. Zwischen dem Ellenbogen und dem Handgelenk hatte sie einen großen Verband, darauf waren gelbe Flecken von einem Desinfektionsmittel. Ich öffnete den Mund, um etwas zu sagen, aber nichts kam heraus, nur ein bisschen Luft. Viviane hielt mir ihr Ohr hin, das war wirklich ein hübsches Ohr, es ähnelte Mattis Landkarte mit all den Bergen und Tälern. Ich versuchte es noch einmal, stieß die Wörter mit meiner Zunge kräftig an, große Würfel aus Metall, die beim Rausschießen meine Lippen kaputt machten. Ich fragte Viviane, was ihr passiert sei, und sie sagte, keine Sorge, sie sei nur auf dem Bürgersteig ausgerutscht. Das erklärte, warum sie nicht in der Schule war.

Dann weinte sie wieder. Das musste ein Bild sein, wir beide im Matsch, nass bis auf die Knochen.

»Eine blöde Nacht ist das«, sagte ich mit einer merkwürdigen Stimme.

Sie lachte, schniefte und sagte, ja, eine blöde Nacht. Und dann legte sie mir ihre Hände auf die Wangen und drückte sie so fest zusammen, dass sich mein Mund zu einem Hühnerpo spitzte.

»Shell, wir gehen hier weg, du und ich.«

»Wir beide?«

»Ja.«

»Und deine Eltern?«

»Meiner Mutter ist das egal.«

»Und dein Vater?«

Viviane spuckte aus, fast auf mich drauf, als gäbe es mich auf einmal nicht mehr.

»Er ist nicht mein Vater.«

»Na dann«, sagte ich. »Gehen wir zum Meer. Ich kenne den Weg. Würde dir das gefallen?«

Sie lächelte, nickte, wischte sich die Nase ab.

Ich stand auf und nahm ihre Hand. Und dann gingen wir los, mit großen Schritten über die Hügel, und als gerade die Sonne aufging, kamen wir zum Meer und badeten unsere Riesenfüße in den Wellen. Das Meer war noch schöner als in meinen Träumen, und Viviane schmiegte sich an mich. Sie war wieder die Königin, und es störte sie nicht mehr, dass wir uns berührten.

Nur dass das alles nicht so passiert ist, klar, ich konnte mich ja nicht bewegen, das wussten wir beide. Ich blieb im Matsch liegen, Viviane über mich gebeugt. Sie weinte leise, fuhr mir mit der Hand durchs Haar, strich es zurück und lachte ein wenig wie die Viviane vom Anfang des Sommers.

»Stimmt, du ähnelst ein bisschen Don Diego de la Vega.«

Dann wurde sie wieder ernst, schaute mich irgendwie seltsam an, und ich merkte, dass es mir schon besserging, es tat weniger weh, ich war nur sehr müde, so müde wie noch nie in meinem Leben, noch müder als an dem Tag, als ich versucht hatte, bis zum Morgen aufzubleiben, um den Weihnachtsmann zu sehen. Irgendwann war ich eingeschlafen, und kurz darauf war er gekommen, wirklich Pech, ich hatte ihn knapp verpasst. Er hatte mich nicht stören wollen, aber er hatte mir eine tolle elektrische Rennbahn dagelassen. Die Rennbahn war kaputt gegangen, als mein Vater aus Versehen drauftrat.

»Keine Sorge, Shell, ich gehe jemanden holen.«

Ich wollte Viviane zurückhalten, aber das war zu schwer. Ich konnte nicht sprechen, ihr nicht erklären, dass ich mir keine Sorgen machte, im Gegenteil, noch nie hatte ich mich so gut gefühlt. Schade war nur, dass mein Vater sie kaputt gemacht hatte, diese Rennbahn.

Als ich die Augen wieder aufschlug, war ich allein. Das erinnerte mich daran, wie ich in dem Schafstall Fieber gehabt hatte, nur dass ich diesmal wusste, dass Viviane zurückkommen würde. Aber ich sollte sie nicht wiedersehen.

Angst hatte ich keine mehr, ich, der Sohn der Courtois von der Tankstelle, der nie erwachsen sein würde. Ich lachte laut, bestimmt war es selbst unten im Tal zu hören. Doktor Bardet hatte sich geirrt und alle anderen mit ihm. Auf dem Plateau war ich groß geworden. Riesengroß, dank Viviane. Ich hatte den Himmel mit der einen Hand und die Erde mit der anderen berührt. Die Welt hatte ihre Königin wieder, und das dank mir.

Die Sonne ging auf und trieb einen dieser heißen Winde vor sich her, die einem manchmal weismachen, der Sommer würde zurückkehren. Aber er kommt nie zurück. Am

Ende lügen alle Jahreszeiten. Schließlich schaffte ich es, mich aufzusetzen, und ich lehnte mich an den Felsen, vor mir das Licht.

Ein letztes Mal schloss ich die Augen. Ich beugte mich in den Wind, wie eine dieser krummen Sandburgen, die ich in meinen Ferien am See gebaut hatte, bevor die anderen Kinder sie zertrampelten. Ich sah das ganze Plateau, sah die Berge, sah die Tankstelle unten im Tal, auf dem Dach noch die Spuren des alten Schriftzugs. Meine Mutter zog sich an, schüttelte meinen Vater, damit er das Sofa frei machte. Ich sah mich selbst, rot und gelb in meiner schönen Jacke. Sah Viviane, wie sie durchs Gras lief.

Na also. Alles war gut.

Der Wind brauchte jetzt nur noch zu wehen. Zu wehen, bis er mich hinausgeweht hatte aus dieser Geschichte, wenn es sie denn je gab.

»Ein wildes Märchen, eine Utopie zum Heulen schön.«
Brigitte Woman

Dies ist die Geschichte von drei freiheitsliebenden alten Männern, die sich in die nordkanadischen Wälder zurückgezogen haben. Eines Tages aber ist es mit ihrer Einsiedelei vorbei. Zuerst stößt eine Fotografin zu ihnen. Kurze Zeit später taucht eine eigensinnige Dame von achtzig Jahren auf. Die Frauen bleiben. Und während sie gemeinsam einem Rätsel nachgehen, entsteht etwas unter diesen Menschen, das niemand für möglich gehalten hätte.

»Jocelyne Saucier zeigt, dass Liebe, Hoffnung und Freiheitsdrang kein Alter kennen.« *Elle*

»Einsame Spitze – Saucier entzündet Signalfeuer der Freiheit und erzählt von der Souveränität des Alters.«
Süddeutsche Zeitung

Jocelyne Saucier, Ein Leben mehr. Roman. Aus dem Französischen von Sonja Finck. insel taschenbuch 4489. 192 Seiten.

NF 440/1/11.18

NF 411/1/10.18

»Dieses Buch trifft mitten ins Herz des Lebens.«
The New York Times

Seit über siebzig Jahren verzaubert *Ein Baum wächst in Brooklyn* weltweit neue Leserinnen und Leser. Dieser Roman über ein Mädchen, das gegen alle Hindernisse anliest, ist nun endlich wieder auf Deutsch erhältlich – eine Geschichte, erfüllt von Lebenslust und Kraft, beseelt von der Euphorie über das Sein.
Die elfjährige Francie Nolan ist eine unbändige Leserin, eine Süßigkeiten-Connaisseuse, eine genaue Beobachterin der menschlichen Natur – und sie hat einen Traum: Sie möchte Schriftstellerin werden. Ein Traum, der in dem bunten, ruppigen Williamsburg von 1912 kaum zu erfüllen ist. Hier brummen die Mietshäuser vor all den Zugewanderten, jeden Tag wird von hart verdientem Geld das Essen zusammengeklaubt, Kinder strömen durch die Straßen, um für ein paar Pennies Süßigkeiten zu ergattern. Doch wenn Francie auf der Feuertreppe in der Sonne sitzt und liest, gibt es für sie keinen schöneren Ort. Und wenn sie auch gegen so manche Widrigkeit anschreiben muss, ist sie sich einer Sache gewiss: dass es sich immer lohnt, nach dem puren Leben zu streben.

Betty Smith, Ein Baum wächst in Brooklyn. Roman.
Aus dem amerikanischen Englisch von Eike Schönfeld. insel taschenbuch 4680. 621 Seiten.

NF 425/1/10.18

»Ein wunderbares Buch über die Magie von Büchern.«
Frankfurter Allgemeine Zeitung

Als die junge Literaturprofessorin Bluma Lennon die Straße überquert, wird sie, in einen Gedichtband von Emily Dickinson vertieft, von einem Auto erfasst und ist auf der Stelle tot. Ihren Lehrstuhl in Cambridge übernimmt ein junger Kollege, den mit Bluma nicht nur die Liebe zur Literatur verband, sondern auch eine turbulente Liaison. Eines Tages erhält er ein ramponiertes Buch mit einer Widmung seiner ehemaligen Geliebten. Verstört bricht er auf, einer Spur zu folgen, die ihn um den halben Globus führt. Dabei wird er unversehens in eine Welt geheimer Bibliotheken und mysteriöser Leser hineingezogen …
Das Papierhaus ist eine hintersinnige Liebeserklärung an das Lesen und die Bücher, eine virtuose Hommage an eine der seltsamsten und beglückendsten menschlichen Leidenschaften.

Carlos María Domínguez, Das Papierhaus. Roman. Aus dem Spanischen von Elisabeth Müller. Mit Illustrationen von Jörg Hülsmann. insel taschenbuch 4679. 90 Seiten.

NF 424/1/10.18

»Ich liebe dieses Buch!«
Jojo Moyes

Nach außen scheint alles perfekt. Madeleine ist mit einem erfolgreichen Geschäftsmann verheiratet, sie hat ein schönes Zuhause in Chicago und keine finanziellen Sorgen. Dennoch ist sie nicht glücklich: Wie schon ihre Mutter und ihre Großmutter ist sie gefangen in einem Leben, das aus gesellschaftlichen Verpflichtungen besteht; die eigenen Träume sind auf der Strecke geblieben.
Als Madeleine eines Tages auf dem Dachboden ihres Elternhauses die Tagebücher ihrer Großmutter entdeckt, erfährt sie Unglaubliches: Die strenge, stets auf Etikette bedachte Großmutter Margie war einst eine lebenslustige junge Frau, die der Enge des Elternhauses nach Europa ins wilde Paris der 20er Jahre entfloh, um frei und unabhängig als Schriftstellerin zu leben. Dort verliebte sie sich in einen charismatischen jungen Künstler und verbrachte einen glücklichen Sommer in der Pariser Boheme ...
Von Margies Geschichte ermutigt, fasst sich Madeleine endlich ein Herz, ihr Leben selbst in die Hand zu nehmen ...

Eleanor Brown, Die Lichter von Paris. Roman. Aus dem amerikanischen Englisch von Brigitte Heinrich. insel taschenbuch 4672. 388 Seiten.

NF 419/1/10.18